대한민국, 어떤 방향으로 가야 하는가?

# 대한민국 테라포밍

박진기 지음

상식과 공정이 무너진 대한민국을 구하는 프로젝트
미래를 위해 올바른 세계관, 역사관, 사회관의 방향성을 제시하다.
대한민국, 어떤 방향으로 가야 하는가?

YANG 양문 MOON

대한민국, 어떤 방향으로 가야 하는가?
**대한민국 테라포밍**

초판 찍은 날 | 2022년 5월 6일
초판 펴낸 날 | 2022년 5월 15일

지은이 | 박진기
펴낸이 | 김현중
디자인 | 박정미
책임 편집 | 황인희
관리 | 위영희

펴낸 곳 | ㈜양문
주소 | 01405 서울 도봉구 노해로 341, 902호(창동 신원베르텔)
전화 | 02-742-2563
팩스 | 02-742-2566
이메일 | ymbook@nate.com
출판 등록 | 1996년 8월 7일(제1-1975호)

ISBN 978-89-94025-87-2 03300

대한민국, 어떤 방향으로 가야 하는가?

# 대한민국
# 테라포밍

# 들어가는 글

사랑하는 나의 아내는 내게 이런 말을 자주 한다.

"당신이 그런다고 세상이 조금이라도 바뀌겠어요?"

그러면 나는 머뭇거림 없이 대답한다.

"그래도 누군가 단 한 사람의 인식이 바뀔 수만 있다면 그것으로 족하다."

20대 초반 학부 학생 시절 역사학을 가르치던 교수님이 이런 이야기를 하였다. 아직까지 그 말은 내 삶의 큰 줄기를 이루고 있다.

"참 지식인은 나이아가라 폭포와 같은 큰 폭포로 이어지는 커다란 강줄기 가운데 홀로 우뚝 서 있는 작은 바위 위에서 앞으로 닥칠 일은 모른 채 떠내려가는 배와 그 배를 타고 있는 사람들을 바라보며 그들을 향해 계속 그리로 가면 폭포로 떨어지니 빨리 방향을 바꾸라고 소리치는 사람과 같다. 물론 그가 아무리 외치더라도 큰 강줄기의 흐름과 소리로 인해 그의 목소리는 희석이 되어 들리지는 않는다. 그러나 그는 계속 소리를 지르고 있다."

나는 생각한다.

'그러나 누군가는 반드시 그 외침을 듣고 배의 방향을 바꾸어 함께 배에 타고 있는 많은 사람의 생명을 지킬 것이라는 것을 믿는다.'

그리고 그것으로 충분히 나의 역할을 다하는 것이다.

한반도에서는 5,000년간 봉건주의 국가 시스템이 유지되었다. 심지어 조선의 경우 무려 500년 동안 중국 사대주의자들이 주도한 성리학적 세계관으로 인해 모든 경제 산업 발전은 무시되었다. 또 농경주의 국가에서 그들이 소유한 농장을 경영하기 위하여 국민의 태반을 노예만도 못한 노비로 만들어 오직 자신들만의 이권만을 보호하였다.

조선은 전체 인구의 80%에 육박하는 인구가 노예와 같은 노비로 삶을 영위하였던 최악의 국가 시스템을 유지했다. 그 시스템에서 조선의 기득권 세력들은 그들의 재산과 기득권만을 보장받기 위하여 전쟁도 없이 서류 몇 장으로 국민과 국권을 다른 나라에 팔아넘기기까지 하였다.

1945년 8월 일본제국의 패망 이후 미국의 도움으로 광복이 되고 1948년에 자랑스러운 대한민국이 탄생하였다. 그러나 기쁨도 잠시뿐 주권을 다시 회복한 지 얼마 안 되어 한반도는, 김일성이 주동이 된 조선민주주의인민공화국(북한)이 중화인민공화국(중공)과 소비에트연방공화국(소련)의 지원을 받아 일으킨 불법 남침 전쟁에 휘말렸다. 이에 따라 전 국토는 처절하게 유린되고 황폐화되었으며 수백만 명의 사상자가 발생하였다. 전후(戰後) 불모지와도 같았던 이 땅을 70여 년 만에 세계 상위권의 국가로 변모시킨 이들은 다름 아닌 이 땅의 선각자들과 지금은 어느덧 노인이 되어버린 대한민국의 아버지들과 어머니들이다.

그러나 지금 우리 자유 대한민국이 무너지고 있다. 중국 공산당을 사대(事大)하는 좌파 정치 그룹은 오직 그들만의 사념(邪念)과 이익 보호를 위해 국가의 정체성조차 혼동시키고 이 나라의 역사와 문화와 경제와 안보를 근본부터 처참하게 무너뜨리고 있다.

그렇다. 우리 대한민국은 건국 이래 최악의 시기를 겪고 있는 것이다. 역사학자들은 한 국가의 흥망성쇠에 대략 250년의 주기가 있다고 한다. 지난

5,000년간 한반도를 거점으로 한 수많은 국가도 흥망성쇠를 반복하였다. 그리고 그 역사를 뒤로하고 탄생한 우리 대한민국은 1948년 건국한 이래 70여 년이 흐른 신생 국가이다. 그런데 70년밖에 안 된 신생 국가가 뿌리째 흔들리고 있는 것이다.

우리 대한민국은 반만 년의 역사 중 유일하게 '자유주의, 민주주의, 시장 경제 시스템'을 완벽하게 정립하고 한미 혈맹이라는 강력한 군사 동맹을 기반으로 어떠한 외세의 영향을 받지 않는 완벽한 '독립 국가'이다. 그러하기에 국민 개개인에게 있어 우리 자유 대한민국의 탄생은 지난 수천 년의 역사보다 더욱 귀중한 것이다.

1960년 이후 새마을운동, 경제 발전 5개년 계획으로 불리던 경제 산업 분야의 괄목할 만한 성장은 한강의 기적을 만들어냈으며 명실상부 개발도상국에서 선진국에 올라선 거의 유일한 국가가 되었다. 그런데 그러는 동안 우리는 크나큰 실수를 하였다.

국가의 엘리트들이 국가의 경제 산업, 외교 안보를 강화하는 동안 소홀히 한 것들이 있었다. 그것은 바로 문화·역사 분야이다. 그리고 대한민국을 전복하려는 세력은 그 틈을 비집고 들어 우리의 미래인 초·중·고 그리고 대학생을 대상으로 공산주의, 사회주의, 주체사상, 페미니즘 등 온갖 잡스러운 것들을 전파하고 세뇌하였다.

1980년대 운동권 사고에 고착된 좌파 정치 그룹에 의해 지금 대한민국은 역대 미문의 위기 상황을 겪고 있다. 그들의 안중에 국가와 국민은 없다. 오직 철 지난 마르크스 공산주의나 김일성 주체사상이 그들의 신념일 뿐이다. '무지한 사람이 신념을 가지면 가장 무섭다'라고 한다. 지금 우리 대한민국은 그 무지한 사람들에 의해 국가 정책이 함부로 재단되고 그들의 이너서클의 이익 보장을 위해 국민의 세금으로 만들어진 국가 예산이 남용되고 오용되고 있다.

오죽했으면, 그들에 의해 발탁되고 임명되었던 최재형 전 감사원장이나 윤석열 전 검찰총장이 공식적으로 반기를 들고 그들과 대적하며 야당 진영에서 대통령 출마까지 했겠는가?

이제 우리 대한민국은 사회 전반에 걸친 모든 분야에서의 근본적인 변화가 필요하다. 다시 말해 근본적인 변화를 만들 수 있는 테라포밍(Terraforming)을 해야 할 수준이라는 것이다. '테라포밍'이란 인간이 살 수 없는 환경을 인간이 살 수 있는 곳으로 변화시키는 행위를 말한다. 즉 '대한민국 테라포밍'이란 지금 빠른 속도로 붕괴되고 있는 우리 대한민국의 자유주의, 민주주의, 시장경제 시스템을 다시 복원하기 위한 전향적 노력이 필요하다는 것을 의미하는 것이다.

이제 첫걸음을 시작해 보자. 그리고 우리 모두가 함께 앞으로 나가보자.

* 원고 완료 시기를 고려했을 때 약간의 시차가 발생할 수도 있으니 양해 바랍니다.

# 목 차

대한민국은
정의와 자유의 나라이다

# 망국의 프로파간다,
# 친중·반일주의

## BTS, 중국의 진실을 밝히다

2020년 10월 7일, 매년 한·미 친선에 공헌한 인물 또는 단체에게 '밴 플리트 상'을 수여하고 있는 미국의 비영리재단 '코리아 소사이어티(Korea Society)'가 K-POP 그룹 BTS(방탄소년단)에게 '밴 플리트 상'을 수여했다. 뛰어난 음악성과 메시지로 한·미 관계 발전에 크게 기여했다는 공로를 인정한 것이다. 상을 받으면서 그룹의 리더 RM(본명 김남준)은 "올해 행사는 한국전쟁 70주년을 맞아 의미가 남다르다"라며 "우리는 양국(Our Two Nations)이 함께 겪은 고난의 역사와 수많은 남녀의 희생을 영원히 기억할 것"이라고 진심 어린 수상 소감을 밝혔다.

그런데 우리 대한민국과 국민에게는 더 없이 뜻깊은 이 수상 소감 발표를 두고 중국 정부와 중국 네티즌들이 강하게 불만을 표출했다. RM은 어린 나이에 순수한 마음으로 6·25전쟁에서의 혈맹국 미국 군인들의 희생과 도움에 대한 고마움을 표시한 것이다. 그런데 이에 대하여 중국 관영 언론 매체인 〈환구시보(環球時報)〉를 필두로 수많은 중국의 네티즌, 유튜버가 BTS를 집중 비난하기 시작했다. 이 사건은 4차 산업혁명의 시대인 2020년에 발생했다고는 도저히 믿기 어려운, 경악을 금치 못할 희대의 사건으로 기록될 것이다.

중국 정부와 중국 네티즌들의 주장은 "한반도에서 미군과 한국군을 몰아내기 위한 성스러운 전쟁에서 많은 수의 중국 인민군이 사망한 만큼 우리는 도저히 미국과 대한민국을 용서할 수 없다"라는 것이다. 다시 말해 중국은 그들의 주장인 '항미원조(抗美援朝)'란 말로 역사를 왜곡하고 대한민국의 자유주의, 민주주의, 시장경제체제를 지켜낸 유엔군과 미군과 한국군의 숭고한 희생을 더럽히고 있는 것이다.

이는 우리가 중국이라고 말하는 중화인민공화국과 공산주의자들의 민낯을 여과 없이 그대로 보여주는 단적인 사례가 되었다. 어찌 보면 2020년이 시작되자마자 발생하여 온 인류를 '코로나 펜데믹'의 공포 속으로 몰아넣은 '중국발 우한 폐렴(China Corona)' 확산 이래 또 다시 발생한 '중국발 문화 코로나(China Culture Corona) 사건'이라고 볼 수도 있다.

사실 돌이켜 보며 수년 전 공고(鞏固)할 것만 같았던 박근혜 정부를 몰락으로 이끈 몇 가지 원인적 사건이 있었다. 그중 하나가 바로 2015년 9월 3일 박근혜 전 대통령의 '중국 전승절 열병식' 참가였다. 이때 국내 언론사들은 앞다투어 '중국의 혈맹국이 북한에서 대한민국으로 대체되었다' 또는 '의전 서열상 푸틴 러시아 대통령보다 좋은 대우를 받았다'라는 등 한반도 역사와 국제 역학 관계에 있어 지극히 문외한적인 글을 통해 국민을 선동한 적이 있었고 우리는 이를 분명히 기억한다.

어떻게 중화인민공화국이 우리 대한민국의 혈맹국인가? 그들이 언제 우리를 위해 피를 흘렸는가? 이는 국제 역학 관계를 고려하지 못한 채 정치적 시각이 오직 국내에 한정되어 있는 당시 미숙한 청와대 보좌진들의 오판에 기인한 사려 깊지 못한 정치적 제스처였다. 이로 인하여 결국 국내 정치 분야에서는 전통적 반공주의의 우파 보수 그룹의 강력한 지지 기반을 분열시키는 결과가 초래되었다. 뿐만 아니라 진짜 혈맹국인 미국과의 관계 역시 소원해졌다. 이에 따라 음지에 숨어 때를 노리고 있던 친중 좌파 세력의 준동에 의해 순식간에 정권이 몰락하게 되었다.

지금 대한민국은 그들에 의해 국가의 외교, 안보, 경제 등 거의 모든 분야의 있어 국가의 수준이 급속도로 하락했다. 아파트 가격은 폭등하고 국민의 삶의 질은 극도로 피폐해지면서 '한 번도 경험하지 못한 국가'를 직접 경험하게 되었다.

정권을 차지한 이후 친중 좌파 정치 그룹은 지난 5년간 끊임없이 '친중 반일(親中反日)주의'를 프로파간다하며 각 분야에서 노골적으로 친중 행각을 눈에 띄게 진행하고 있다. 그러나 지난 번 BTS 사태에서 극명하게 확인할 수 있듯이 진실을 알게 된 국민은 더 이상 중국을 신뢰하지 않게 되었다. 결국 친중 좌파 정치 그룹의 중국과 중국 공산당에 대한 사대주의적이며 허무맹랑하고 그릇된 사념(邪念)은 송두리째 무너지고 말았다는 것이다.

### 누가 역사 왜곡을 주도하고 그 목적은 무엇인가?

자, 여기서 역사적 사실을 확실히 짚고 넘어가 보자. '한민족의 뿌리'라는 고조선을 멸망시키고 식민지로 만든 나라는 중국[漢]이었으며 고구려와 백제를 멸망시킨 나라도 중국[唐]이었고 고구려의 후예로 어렵게 민족의 정체성을 복원한 고려를 멸망시키도록 지원한 것도 중국[明]이었다. 또 조선 왕조 500년 동안 조선을 외교적, 경제적 식민지로 여기며 속국으로 관리하였던 것도 중국[明, 淸]이었다. 중국이 한민족의 국가를 멸망시킨 횟수가 무려 5회가 넘고 직접적 식민지 및 속국으로 삼은 기간은 어림잡아 한민족 역사의 1/4를 차지하는 긴 기간이다.

그런데 정작 철천지원수로 치부되는 일본이 한민족의 국가를 병합한 것은 단 1회에 불과하다. 이런 이야기를 들으면 대부분의 사람은 1592년 발생한 임진왜란으로 화제를 돌리며 일본의 침략을 이야기한다. 물론 1592년 일본의 대군이 조선을 침략하였다. 그러나 임진왜란은 단순히 조선과 일본 간의 전쟁이 아닌 동아시아 국가들이 직간접적으로 참여한 국제 전쟁이었다.

　임진왜란 발생의 기원은 그 100여 년 전으로 올라간다. 1413년 중국[明]은 '정왜론(征倭論)'을 공론화하며 일본을 정벌하려고 했다. 명나라를 건설한 주원장이 1380년 일본의 실권자인 정이대장군(征夷大將軍) 아사카가 요시미쓰[足利義滿]에게 조공을 보내라는 조서(詔書)를 보냈으나, 아사카가 요시미쓰는 조선과 달리 '천하는 어느 한 개인에게 속한 것이 아니다'라며 조공을 거부했다. 이후 급속히 정왜론이 공론화되었으며 그것이 실행에 옮겨지기 직전이었다. 그리고 명나라는 사대지예(事大之禮)에 충실한 신하국 조선에게도 명나라가 일본을 정벌할 때 참여하라 독촉한다. 조선왕조실록 태종실록 25권 태종 13년 3월 기사에는 이때 조선 조정 역시 명나라가 일본 정벌을 빌미로 조선을 먼저 점령할지 모른다는 의구심이 상당하였다고 기록되어 있다.

　그러나 정왜론은 내부적으로 명나라 정권 강화 및 과거 여몽 연합군의 일본 정벌 실패를 이유로 본격 진행되지는 않았다. 오히려 일본이 다케다 신겐, 오다 노부나가에 이어 도요토미 히데요시[豊臣秀吉]가 전국을 통일하게 되면서 그동안 자신들을 압박해 오던 정왜론에 반기를 들고 '정명가도(征明假道)'를 주장하며 전쟁을 일으켰다. 그것이 임진왜란이다. 임진왜란은 당시 동아시아의 많은 국가가 연합군 형식으로 참여했고, 포르투갈 용병들도 참전한 동북아 최대의 국제 전쟁이었다.

　이후 명나라가 청나라로 교체되는 과정에서 발생한 1636년 병자호란의 가장 큰 피해는 당시 조선인의 10%에 육박하는 60만 명의 조선인이 포로로 중국으로 잡혀갔다는 것이다. 무려 60만 명이다. 단순히 산술적으로 이중 30만 명은 여성들이었으며 이들은 중국으로 끌려가 무슨 일을 당했을까? 어쨌든 이후 중국은 조선에 대해 외교, 정치, 군사적으로 더욱 강력하게 통제권을 행사했다.

전 세계적으로 제국주의가 성장해 가던 1882년 11월 조선과 청나라가 체결한 조약이 있다. 바로 '조청상민수륙무역장정(朝淸商民水陸貿易章程)'이다. 이 조약 이후부터 조선은 조공국보다도 위치가 한 단계 더 내려갔다. 조선의 국왕은 청나라 관리인 북양대신과 동급으로 대우받으며 외교, 군사 분야에 이어 경제, 법률 분야까지 국제적으로 중국의 속국으로 공인되는 결과를 가져왔다.

지난 2018년 3월 1일 상식 밖의 일이 발생하였다. 대통령이 참석한 정부 차원의 3·1절 행사에서 서울 서대문구에 위치한 '독립문' 앞에서 독립 만세를 외치는 퍼포먼스(Performance)를 행한 것이다. 문제는 독립문이 무엇인가라는 것이다. 독립문은 중국으로부터의 독립을 성취하고자, 수백 년간 중국 사신을 맞이하던 영은문을 부수고 그 자리에 건립한 기념물이다. 그 퍼포먼스는 좌파 정치 그룹의 무지함을 그대로 보여주는 바로미터이다.

1896년에 건립되어 지금도 서울 한복판에 우뚝 서 있는 '독립문'은 중국으로부터의 독립을 기념하고 있다. 지난 5,000년간 수없이 많이 한반도와 한민족을 유린하고 짓밟은 나라, 그리고 1950년 6·25전쟁에서 수백만 명의 대한민국 국민과 국군 장병의 목숨을 앗아간 국가는 다름 아닌 중국이다. 그럼에도 불구하고 왜 친중 좌파 정치 그룹은 역사를 왜곡하고 그토록 집요하게 중국 공산당을 사대하고 일본만을 철천지원수 국가로 인식하도록 프로파간다하고 있는 것인가? 그 이유는 지금 이 순간에도 중국 공산당을 추종하고 그들로부터 정치 자금을 후원받는 이 땅의 수많은 정치인과 학자가 있기 때문이다. 이들이 또 다시 이 나라를 망치고 있는 것이다.

지난 5,000년간 그리고 가장 최근까지 우리 한민족과 한민족의 국가를 무참히 짓밟고 괴롭힌 국가와 민족은 일본이 아닌 중국이라는 것이 역사의 진실이다. 그런데 왜 1950년 6·25전쟁뿐만 아니라 지난 수천 년간의 중국의 지속된 침략과 식민지 지배와 만행은 기억하거나 가르치지 않을까? 그러면서 1900년대 제국주의 시절 국가 간의 전쟁도 없이 국민의 안위를 무시한 채 '봉건주의 국가 대한제국'의 황실과 지배층의 권위와 부를 그대로 인정받는 것을 전제 조건으로 일본제국과 10여 년간의 지속된 합의를 통하여 문서 조약으로 병합된 것을 두고 왜 문제를 삼는 것일까? 게다가 왜 국권을 넘긴 대한제국 지배층의 문제가 아닌 오직 침략의 역사로만 강조하고 있는가?

역사적으로 국가가 국가를 침략하면 가장 먼저 하는 것이 왕실과 종친 세력의 철저한 제거와 지배 계층의 숙청 작업이다. 그러나 1910년 8월 22일 한일병합조약(韓日倂合條約) 이후 그런 일은 발생하지 않았다. 공식 호칭이 '이왕'인 영친왕은 '일본 천황가의 일원'으로 제국의 중요 정책 회의에 참석했다. 또 일본제국의 패망 시까지 일본 천황 다음으로 많은 세비를 받고 대저택에 거주하는 최고의 대우를 받으며 살아갔다. 어떻게 그것이 가능했을까?

**키워드**
● 중국의 목적은 고조선, 고구려, 백제, 고려를 멸망시켰듯이 한반도를 식민지화하는 것이다.
● 좌파 정치 그룹은 역사를 왜곡하여 국민을 선동한다.

# 대한민국은 1948년에 건국된
# 민주공화국이다

## 국가는 개인의 것이 아니다

수천 년간 일본 사람들은 적대적 관계에 있는 다이묘(영주)의 성을 함락하고 다이묘를 생포하거나 죽이면 전쟁에서 승리하는 것으로 생각해왔다. 그리고 패배한 영주는 할복(割腹)함으로서 최소한의 명예를 지켜냈다. 그런데 일본 사람들의 이러한 생각은 1592년 임진왜란 발발 시 전략적 오판으로 돌아왔다.

부산에 상륙한 이후 북방 최강이라던 신립 장군의 기마부대를 순식간에 전멸시키고 전광석화 같은 속도로 조선의 수도 한양을 접수하였지만 그곳에 조선의 왕이 없었다. 선조(宣祖)가 도성을 버리고 의주로 몽진(피란)을 간 것이다. 초반 연전연승에도 불구하고 일본이 조선을 식민지로 만들지 못한 근본적 이유는 7년 전쟁 동안 조선의 왕이 건재했기 때문이다.

물론 선조의 몽진은 비겁했다는 평가가 일반적이다. 그러나 그들의 평가와는 달리 정치 군사적으로 몽진 결정은 조선의 패망을 막은 핵심 요인으로 작용했다. 아이러니하게도 선조는, 정치적으로 열세 위치에 있던 서애 유성룡을 재상에 앉히고 정작 이순신을 추천한 유성룡의 반대에도 불구하고 지금으로 따지면 대위 정도의 계급이던 이순신을 불과 2년 만에 소장 계급인

함대사령관으로 초고속 진급시켰다.

정작 조선의 패망은 1592년 임진왜란이라는 물리적 전쟁이 아닌 그로부터 300여 년 후 집권층의 도덕적 해이와 욕심이 극에 달했던 구한말에 발생했다. 국왕이 앞장서서 국고를 사유화하고 개인 입지를 위한 근시안적 국가운영으로 국가의 주요 권리를 외국에 이양했다. 결국 주권과 통치권이라는 국권(國權)을 일본에 넘기는 돌이킬 수 없는 정치적 책임조차 신하들에게 전가하는 파렴치한 행위를 하게 된다.

1896년 고종의 아관파천(俄館播遷) 이후 한반도에는 큰 변화가 닥쳤다. 조선의 국호를 대한제국으로 바꾼 것이다. 고종은 러시아 대사관에서 나온 직후인 1897년 10월 12일에 '대한제국(Korean Empire)을 선포'하고 스스로 황제에 즉위했다. 한반도를 주의 깊게 바라보던 제국 열강은 의외로 직간접적으로 쉽게 승인하는 행보를 보였다.

왜 그랬을까? 사실 1866년 프랑스는 병인양요를 일으켜 강화도를 점령한 바 있고 1885년 영국은 거문도를 점령하였으며 1871년 미국은 신미양요를 일으켜 강화도를 공격한 바 있다. 그러니, 1897년 고종의 대한제국 선포를 인정해줌으로써 그동안 악감정을 해소하는 한편 자국의 국익을 확보하려고 했던 것으로 보인다. 같은 시기인 1876년부터 1902년까지 대한제국은 일본, 미국, 영국, 독일, 이탈리아, 러시아, 프랑스, 오스트리아-헝가리, 청나라, 벨기에, 덴마크 등 총 11개국과 순차적으로 통상조약도 맺었다.

명칭을 황제와 제국으로 변경한 것까지는 그렇다 치더라도 정작 문제는 다른 곳에 있었다. '광무개혁'을 단행하면서 내세울 만한 경제력, 외교력, 군사력도 없던 국가의 부국강병을 착실히 준비하였다기보다는 실상은 얼마 남지 않은 국고를 고종의 개인 재산으로 전환시키는 작업을 진행하였다는 것이다. 고종은 보부상이던 이용익을 등용하며 황제와 황실의 예산을 관리하는 '내장원'을 맡게 하였다. 국가의 주요 수입원이던 화폐 주조, 홍삼, 광산 전매를 비롯하여 각종 상업세의 다양한 재원을 정부가 아닌 황실로 귀속시키고 황실 재정을 늘리는 데 혈안이 되었다.

특히, 1895년 평북 운산금광 채굴권을 미국 기업에 주었고 1896년에는 함북 경원 및 종성의 금광 채굴권과 경성의 석탄 채굴권을 러시아에 주었으며 1898년에는 독일에 강원도 금성금광 채굴권을 주고 영국에는 평남 은산금광 채굴권, 프랑스에는 평북 창성금광, 이탈리아에는 평북 후창 금광 채굴권을 주었다. 현대에 와서 북한이 각 지역의 각종 자원 개발권, 항구 조차권 등을 중국에 팔아넘긴 것이나 다를 바가 없다.

그런데 묘하게도 이들 이권을 받은 나라들은 고종이 대한제국 선포 후 이를 외교적으로 승인한 국가들과도 100% 일치한다는 점이다. 사실 황제라는 명칭을 승인받는 대가로는 너무 큰 국고 손실이었다. 그중 대표적인 사례를 하나 들어보자. 1895년 대한제국이 미국과 체결한 '운산금광'의 경우 그 계약서를 자세히 살펴보면 제11조에 '회사 보유 자본 중 25%를 대한제국 황제(고종)에게 진상한다'라고 명확히 지정하고 있다.

다시 말해 국토의 핵심 자원 개발 권리는 외국에 양도하되 이로 인해 발생하는 수익의 25%를 국고가 아닌 고종의 개인 재산으로 귀속시킨다는 것이다. 이는 최근 전 세계적으로 핫 이슈가 되고 있는 태국 국왕의 국가 재산의 사유화 과정과도 일맥상통한 측면이 있다.

그런데 왜 선조는 희대의 무능한 왕으로 치부되고 고종은 일본에게 국권을 빼앗긴 비운의 황제로 각색된 것일까? 그 가운데에는 일본이 있기 때문이다. 하급 군관 이순신을 등용하고 초고속 진급시킨 선조는 없고 오직 일본과 싸우던 이순신을 시기하여 삭탈관직하고 고문한 나쁜 왕만 있어야 하며, 고종은 현명한 군주로 국가를 재건하려다가 일본에게 강압적으로 나라를 빼앗긴 황제여야 했기 때문이다.

## 기적에 가까운 대한민국의 탄생

1948년 8월 15일 대한민국이 공식 건국된 이래 대다수의 자유민주주의 국가와 동일하게 대한민국은 '공화제(共和制, Republic)'를 채택하였다. 국호 자체도 'Republic of Korea'이다. 즉, 공화국(共和國)이라는 것이다. 대한민국 헌법 제1조 1항에 '대한민국은 민주공화국(民主共和國, Democratic republic)'이라고 명시하고 있어 민주주의와 공화제가 공존하는 형식을 취하고 있다.

일면 같은 말의 반복처럼 보일 수도 있으나, 민주주의와 공화제는 운영 방식에 있어 다소 차이점이 있다. 다만 이는 군사분계선 북쪽에 위치한 '조선민주주의인민공화국(Democratic People's Republic of Korea)'과는 그 성격에 있어 극명하게 차이가 나기도 하다. 그들이 말하는 'Democratic People'은 사실 민주주의 국민이 아닌 공산주의 인민을 의미하는데 이런 용어를 사용하는 것은 '언어 선점(言語先占)'에 의한 '용어 혼란 전술'에 불과하다.

자유민주주의 표본과 같은 미국의 경우 공화당(共和黨, Republican Party)과 함께 민주당(民主黨, Democratic Party)의 양당 체제를 유지하고 있다. 에이브러햄 링컨은 공화당 출신의 첫 대통령이 된 이래 보다 높은 수준의 자유주의를 보장하고 반노예주의 정책을 내세우며 출발하였다. 또 자유시장경제 체계에 기반을 둔 경제 정책을 통해 안정적인 재정 확보와 국가 경제 시스템을 운영하면서 보다 안정적인 국가 및 개인의 발전이라는 보수주의(Conservatism)의 정치 이념적 토대를 구축하였다. 민주당의 경우 '사회자유주의'에 기반을 두고 있어 사회 및 경제적 평등을 강조하고 정부의 적극적 시장 개입을 통하여 경제의 물리적 균형을 유지하려고 한다. 보수주의에 반하는 진보주의(progressivism)를 표방하지만 개개인의 자유보다는 정부의 통제 강화하는 정책을 추진한다는 점에서 자유주의와 극명한 차이가 있다.

1948년 당시의 선각자들이 우리 대한한국을 새롭게 건국하면서 미국식 자유민주주의에 기반을 둔 '공화제'를 택한 이유는 아주 명확하다. 조선은, 민족의 정통성을 가지고 있던 고려(Corea)를 멸망시키고 성리학을 신봉하는 중국 사대주의자들의 카르텔인 사대부들에 의해 이끌어졌다. 무려 500년간 오직 자신들의 이익만을 위해 전횡되어 온 부조리와 그들의 무능성에서 벗어나 미국과 수많은 자유민주주의 국가의 도움으로 대한민국을 건국하게 된 것이다. 그러니 만큼 가장 발전되고 합리적인 국가 운영 시스템인 공화국이라는 틀을 통해 5,000년 역사상 가장 새로운 국가로 탈바꿈하게 된 것이다.

민주주의, 공화제, 시장경제 시스템 모두 '자유주의' 이 한 가지에서 출발한다. 인간의 존엄성을 인정하고 개개인의 자유를 보장하며 개인의 재산을 보호해 주는 것으로부터 모든 것이 출발하게 된다. 정부의 과도한 시장 개입은 그 자체가 자유주의를 훼손시키는 것이며 전체주의적 발상에 지나지 않기 때문이다.

이번 코로나 팬데믹으로 인해 국민의 자유가 극도로 억압받았다. 역학 조사 자료 수집이란 명목으로 개인 정보가 무차별적으로 수집되었다. 커피숍에라도 들어가려면 하더라도 어디에 어떻게 사용될지도 모르는데도 '개인 정보 사용 동의란'에 체크할 것을 강요당한다. 게다가 임상 실험조차 제대로 안된 백신 접종을 강요받고 QR코드 인증을 강요당한다. 그리고 백신 부작용에 의한 사망 책임은 아무도 지지 않는다.

시스템적으로 사회주의, 전체주의가 국민을 통제하기 쉽다. 물론 이는 국가가 국민의 것이 아니라 '무능하고 불순한 정치 집단' 자신들의 것이라고 착각할 때 가능한 것이다. 그리고 이것은 결과적으로 자유주의를 극도로 억압하는 결과를 가져올 수밖에 없다.

우리는 지금까지 쌓아온 대한민국의 교육 수준과 외교, 국방, 경제 역량이라면 다양한 의견이 제시되고 설령 상반된 의견조차 어느 정도 자정(自淨)됨으로써 공존이 가능할 것이라 생각했다. 그러나 그것은 선량한 국민들의 순진한 착각이었을 뿐이다. 지금 대한민국의 현실을 보면 아주 쉽게 이해할 수 있는 문제들이다.

우리 대한민국이 왜 자유주의, 민주주의, 공화제 그리고 시장경제 시스템을 정착시키고 그 어느 국가보다 발전시켜 왔는가? 그 이유는 간단하다. 지금의 기준이 아닌 대한민국이 막 건국되던 1948년 그 당시의 한반도의 상황을 생각해 보자. 한민족이 세계사에 모습을 나타내기 시작한 이래 5,000년간 한민족의 역사는 봉건주의 국가 시스템을 유지해 왔으며 1910년 8월 29일부터 1945년 8월 15일까지 34년 11개월 동안은 일본제국의 통치를 받던 시기를 거치게 된다. 그 이후 제2차 세계대전과 태평양 전쟁의 승자인 미국과 연합국의 도움으로 한반도에 대한민국이라는 자유민주주의 공화국이 건국되었다. 거의 기적적인 일이다. 수천 년 봉건주의와 병합 시기를 거치고 해방된 지 불과 3년만의 일이다. 자칫 500년간 존속된 조선이라는 봉건주의 국가로 회귀할 가능성도 없지 않았다. 왜냐하면 조선은 일본제국이 전쟁을 일으켜 무력으로 점령한 지역이 아니기 때문이다. 조선은 왕과 왕의 권한을 대행하는 전권 대신들이 각종 외교 문서와 조약에 날인을 함으로써 외교, 영토적으로 일본제국에 포함이 되었다. 이는 국제법상 강제로 빼앗긴 영토의 개념과는 다르다. 조선 왕실의 왕과 지배층들은 공식 작위를 받고 일본제국의 구성원으로 그대로 존재하고 있었다.

영친왕은 일본제국 천황가의 일원이자 이왕으로서의 상징성을 그대로 유지하고 있었고 조선 반도는 총독(행정)과 조선군사령부(군)가 관리하고 있었다. 따라서 한반도는 국제법적으로 전쟁을 일으킨 전범국에 의해 강점된 땅이 아닌 전범 국가의 한 행정구역에 해당했다는 것이다.

만일 당시의 국제 사회가 이를 쉽게 평가했다면 1945년 일본제국의 패망 이후 한반도의 역사는 근본적으로 다른 방향으로 흘러갔을 수도 있었다. 해방 이후 대한민국을 건국한 이승만 대통령이 영친왕의 귀국을 적극 반대했던 이유는 그것에 있기도 하였다. 아무런 제재도 없이 영친왕이 한반도로 들어왔을 경우 공화국 건설에 직접적 방해가 되었을 뿐만 아니라 과거의 영광을 노리는 세력에 의해 봉건주의 국가 아니면 최소한 입헌군주제의 나라가 되었을지도 모른다.

그러나 역사는 공화국을 건설한 이승만 대통령을 위시한 선각자들과 자유민주주의를 믿는 대한민국 국민의 편이었다. 자유민주주의의 기틀이 다잡아지고 공화제에 기반을 둔 대통령제가 공고해진 이후에야 박정희 대통령의 배려로 영친왕 일가가 입국하게 되었다. 영친왕의 후손들은 지금도 서울 종로구 창덕궁 앞 이화빌딩 내 '대한황실문화원(大韓皇室文化院)'을 만들어 그 세계(世系)를 유지하고 있으며 황사손 이원(李源)이 대표직을 맡고 있다.

**키워드**
- 고종의 국가 재산 사유화를 닮은 좌파 정치 그룹의 국가 재산 사유화와 몰락의 수순
- 해방 이후 자유주의, 민주주의, 시장경제 시스템 정착은 기적에 가까운 일

# 편협한 역사관과 빈약한 세계관에서 벗어나자

## 반일주의의 기반은 왜곡된 역사 인식의 발로

2020년 11월 14일 제23차 아세안+3 정상회의 시 문재인 대통령은 모두 발언을 하면서 "존경하는 의장님, 각국 정상 여러분, 특히 일본의 스가 총리님 반갑습니다"라고 말하며 일본 정부의 신임 총리인 스가 요시히데[菅義偉]의 이름을 별도로 언급하는 행위를 하였다.

문재인 정부 출범 이후 사회 단체도 아닌 대통령이 직접 나서서 강도 높은 반일주의를 선동해왔다. 그는, 지난 70년간 견실히 쌓아왔던 외교, 안보, 국방, 경제 등 거의 모든 분야에서 수많은 문제를 야기했던 사실은 차치하더라도 정작 세계를 이끌어 간다는 G20 국가의 일원임에도 불구하고 시대에 역행하듯이 노골적으로 일본 제품 불매 운동까지 선동했다. 그런 그의 입에서 "스가 일본 총리님 반갑습니다"라는 말이 나오는 순간 그만 실소(失笑)를 금할 수 없었다.

문재인 대통령은 한 국가의 미래를 이끌어 나가야 할 대통령이다. 그런데 '5년 임기제 선출직 공무원'으로서의 책임과 사명을 망각한 채 오직 자연인으로서의 개인의 편협한 역사관과 21세기에 걸맞지 않은 빈약한 세계관을 바탕으로 한 사념(邪念)을 가지고 국가의 안녕에 위협이 될 수도 있는 강박 관념 수준의 반일주의를 선동하던 장본인이 되었다.

　이 상황을 아주 단순하게 정리해 보자. 총리 한 명이 바뀌었다고 나라가 바뀌는가? 그것도 수천 년간 끊임없이 단일 '천황' 시스템을 유지하고 있는 일본이라는 나라에서 말이다. 특히 일본은 패전 후 미국의 자유민주주의 시스템을 잘 받아들이고 정착시킨 국가로, 정치적으로도 여야(與野)를 떠나 국가의 이익을 위한 국가 정책의 방향성은 큰 변화가 없는 국가이다.

　최상위권 선진국의 총리 한 명이 바뀌었다고 나라가 바뀐다고 생각하는 문재인 대통령의 순진무구한 논리를 그대로 적용하더라도 지금의 일본은 그가 알고 있을 일본이 아니다. 1945년 8월 6일 히로시마, 8월 9일 나가사키에 원자폭탄이 투하된 이후 8월 15일 쇼와[昭和] 천황의 무조건 항복으로 일본의 제국주의를 이끌었던 정치인, 군인들은 모두 전범 재판을 받고 역사 속으로 사라졌다. 그리고 미군 군정에 의해 새롭게 탄생한 '자유민주주의 국가 일본'이라는 점에서 애당초 그의 반일 선동과 같이 적대시할 필요도 없었을지 모른다. 그래서 일본 총리를 향한 문재인 대통령의 인사말은 좌파 정치 그룹들이 그토록 선동했던 것 자체가 시대 착오적일 뿐만 아니라 논리의 '패러독스(Paradox)'에 빠지는 문제가 있었음을 스스로 자인하는 것이다.

　2019년 8월 7일 중소기업 경영자들과의 면담 자리에서 대통령은 뜬금없이 "임진왜란 때 일본이 가장 탐냈던 것도 우리의 도예가와 도공이었다"라고 언급했다. 이는 UN 대북 제재의 일환으로 진행하였던 일본의 '전략 물자의 최종 사용자(End User) 확인' 절차와 관련한 합법적 반도체 소재 수출 통제 조치를 비난할 목적으로 한 말로, 국민을 대상으로 반일주의를 직접 선동한 대표적 사례로 손꼽힌다. 정작 일본과는 비교할 수도 없을 만큼 고조선, 고구려, 백제, 고려를 차례로 직간접적으로 멸망시키고 수많은 기술자와 예술인을 강제로 끌고 가고 식민지로 삼아가며 온갖 악행을 저질렀던 중국은 애써 외면하면서 말이다. 그런데 여기에서 잠시 생각해 보자. 그는 그 많은 것 중에 왜 하필 도자기를 예로 들었을까? 그 도자기 얽힌 역사의 한 줄기를 살펴보도록 하자.

## 일본 도자기 명문가, 심수관의 진실

2019년 6월 말 문재인 대통령 내외는 'G20 정상회의' 차 일본의 오사카에 방문했다. 이때 일본 도자기 명문가인 심수관(沈壽官)의 15대 심수관인 오사코 게이키치[大迫惠吉]로부터 '사쓰마 난화도 백자 접시'를 선물로 받았다. 이보다 이전인 2004년 12월 한일 정상회담을 위해 일본 규슈 가고시마[鹿兒島]에 방문했던 노무현 전 대통령 내외도 회담 이후 심수관에 방문했었다. 당시 청와대 시민사회수석비서관이 문재인이었다. 그는 아다시피 비서관 이후 민정수석을 거쳐 비서실장까지 역임하였다. 그러한 관계로 인하여 그는 그 누구보다 심수관의 역사에 대해 잘 알게 되었을 것이다.

심수관은 정유재란 기간 중 포로로 잡혀간 도공 심당길(沈當吉)이 가고시마현에 정착하여 만든 일본 도자기의 명문가를 말한다. 심수관은 후계자가 이어가는 '습명(襲名)'이다. 이 심수관은 세계적으로 유명한 도자기 명문가로 도자기를 모르는 사람들도 부지불식간 한 번쯤은 들어보았을 이름이기도 하다. 오사코 게이키치는 문재인 대통령에게 도자기를 선물한 이후 얼마 안 있어 92세의 나이로 별세하였다. 그 오사코 게이키치가 생전에 남긴 일화 중 하나를 간략히 소개하도록 하겠다.

그의 증언에 따르면 1974년 어느 날 61, 62, 63代 일본 내각 총리를 지낸 사토 에이사쿠[佐藤栄作]가 규슈[九州] 미야마[美山]에 위치한 심수관에 방문했다. 이 자리에서 사토 총리는 그와 격의 없는 대화를 나누었다고 한다. 아주 놀라운 사실은 사토 에이사쿠가 자신도 오사코 게이키치와 마찬가지로 조선에서 넘어온 '도래인(渡来人)'의 후손이라고 하였다는 것이다. 사토 에이사쿠의 친형은 대한민국 근대화에 실질적 도움을 많이 준 기시 노부스케[岸信介]라는 굉장히 유명한 정치인이다. 그 역시 56, 57代 총리를 지낸 바 있다. 그들의 가문은 형제가 연속적으로 총리를 다섯 번이나 할 만큼의 영향력을 가진 일본 내 정치 명문가이다. 기시 노부스케 전 총리의 사위는 일본 정치인 중 대표적 친한파 인물로 알려진 아베 신타로[安倍晋太郎] 전 외무부장관이며, 이 아베 신타로의 아들이 바로 최근까지 일본 총리를 역임했던 아베 신조이다.

아베 신타로 역시 2006년 10월 6일자 일본 〈슈칸아사히[週刊朝日]〉와의 인터뷰에서 자신의 가문도 10세기경 '발해국'에서 넘어온 '도래인'이라고 밝힌 적이 있다. 다시 말해 아베 신타로도 한반도에서 넘어간 도래인 가문, 아베 신타로의 부인도 조선에서 넘어간 도래인 가문이라는 것이다. 즉 이들 모두 한반도인의 후손들인 것이다.

2001년 12월 23일 아키히토[明仁] 천황은 68세 생일을 맞아 실시한 기자회견에서 "나 자신으로서는 간무 천황(50대 천황, 781~806년)의 생모(生母)가 무령왕의 자손이라고 〈속일본기(續日本紀)〉에 기록돼 있어 한국과의 인연을 느끼고 있습니다"라고 공식 발표하였다. 실제 9세기 초에 편찬된 일본의 역사서 〈신찬성씨록〉에는 당시 일본의 수도와 인근 지역의 유력 가문 중 30%가 한반도에서 넘어온 '도래인'이었다고 기록되어 있다. 2013년 연구 결과에 따르면 전체 일본인의 23%, 전체 한국인의 27%가 동일한 DNA 구조를 가지고 있다고 한다.

과연 한국에게 있어 일본은 어떤 나라이고 한반도의 국가들과는 수천 년 역사 속에서 어떠한 연관 관계를 가지고 있는가? 또한 어쩌면 뿌리가 같을 수도 있는 일본에 대해서는 무엇이 그토록 깊은 반목을 쌓게 만들었는가?

이미 110년 전인 1910년, 가난한 농경주의 국가 조선은 일본과 한일병합조약(韓日倂合條約)을 체결했다. 그 과정에 국가 간 전쟁도 없었으며 일본제국 발전에 도움이 안 된다며 일본 엘리트 계층조차도 합병을 강하게 반대했던 상황이었다. 그런데 한국의 친중 좌파들은 35년간의 병합 체제에 대해 끊임없이 선동의 대상으로 삼아왔다. 그러면서도 정작 지난 수천 년간 수없이 많이 한반도를 침략하고 그곳에서 삶을 영위하던 한반도인을 살해하고 약탈하고 포로로 끌고 간 중화인민공화국에 대해서는 한 마디도 못하고 심지어는 시진핑[習近平]이 주장한 '중국몽(中國夢)'에 적극 동참하겠다고 충성 맹세까지 하는 현실이다.

불과 70년 전의 일로서, 110년 전의 한일병합보다 더 최근의 역사로 온 국토가 쑥대밭이 되고 수백만 명의 사상자를 발생시킨 6·25전쟁에 대해서는 피해 여부를 말하지 않는다. 당시 중국 인민해방군의 침략과 개입만 없었더라면 이미 한반도는 1951년부터 자유민주주의 체제의 단일 국가를 유지하고 있었을 텐데 말이다. 친중 좌파들이 그토록 주장하는 한반도의 통일은 정작 그들이 추종하는 중국에 의해 실패한 것이라는 것을 왜 모르고 있는가?

## 돌아오지 않는 조선인들

1592년부터 시작된 임진왜란, 정유재란이라는 7년간의 동북아 국제 전쟁이 끝난 후 1607년 일본의 정권을 잡은 도쿠가와 이에야스는 강화 요청과 함께 양국 간의 외교 관계를 다시 정상화하고자 하였다. 이를 위해 포로로 끌려간 10만여 명의 조선인 송환에 합의하고 이에 조선은 총 3회에 걸쳐 '회답 겸쇄환사(回答兼刷還使)'를 파견했다.

그런데 이해할 수 없는 일들이 발생했다. 포로로 끌려간 조선인 중 대부분이 조선으로의 복귀를 거부한 것이다. 기록에 따르면 전체의 10%도 안 되는 8,482명(일본 기록 6,323명)만이 조선으로 돌아오게 되었다. 왜 그랬을까?

비록 7년간의 전쟁을 거치면서 바다 건너 포로로 끌려오긴 했으나 일본은 철저한 신분제 사회인 조선과는 달리 신분 차별이 미약했다. 그런 데다 일본인들은 오히려 조선인 포로들에게 차별없이 '정당한 임금'을 주고 일을 시켰다. 도자기를 만드는 도공(陶工)과 같이 좋은 기술을 가진 조선인의 경우 그 대우가 더욱 좋아 현지에서 자수성가하는 사람도 많이 생겨나게 되었다.

그 대표적인 사람이 바로 심당길로서 일본 도자기의 명문가인 '심수관'은 그렇게 그의 손에 의해 만들어졌다. 당초 심당길을 포함한 포로들을 데려간 사쓰마의 번주 시마즈 요시히로[島津義弘]는 조선 출신 도공들을 나에시로가와[苗代川]라는 촌락에 집단 거주하게 하면서 사무라이(武士, 조선의 양반 관료)'와 같은 대우를 해주었다.

같은 시기에 일본으로 넘어간 인물 중 박평의(朴平意)는 유명한 사쓰마 도기[薩摩陶器]를 창시하였으며 일본인들은 이를 기념하기 위하여 그가 살던 마을에 '사쓰마 도기 창조 박평의(薩摩陶器創造朴平意)'라는 기념비를 세웠다. 이후 그의 가문도 번창하여 일본 사회의 주류가 되었으며 후손 중 대표적으로 유명한 인물로는 태평양 전쟁 당시 외무부 장관이었던 도고 시게노리[東郷茂德]가 있다.

도고 시게노리는 1945년 8월 초 히로시마, 나가사키 원폭 이후에도 항복은 절대 없다며 전쟁을 계속하려는 제국 군대와 강성 정치 세력을 설득하고 무조건 항복을 이끌어낸 인물이며, 전범 재판을 받은 일본 고위층 28명 중 유일한 한국계 일본인이었다. 결과론적으로는 조선의 해방을 앞당긴 인물이기도 하다.

앞서 제기한 바와 같이 '왜 조선인들은 돌아오지 않았을까?'의 대답은 첫째는 일본에서의 좋은 대우, 둘째는 심각한 조선 사회의 병폐이다. 당시 작성된 〈난중잡록〉에 따르면 그 실상을 아주 잘 알 수 있다. 1607년 조선과 일본 양국 정부 차원의 포로 송환 협상이 이루어지기 전인 1605년 전란에 참여했던 사명대사 유정(惟政)은 사전 민간 차원에서의 송환을 위해 일본으로 직접 가서 1,391명의 조선인을 데리고 부산항으로 돌아왔다. 유정은 데려온 인원들을 통제사 이경준(李慶濬)에게 인계하며 이들의 안위를 맡겼다.

그러나 정작 이경준 예하의 조선 관리들은 어린 나이에 포로가 되어 자신의 신분과 고향조차 모르는 이들은 자기들의 '노비'로 만들었으며, 부부 송환자의 경우 남편을 일본의 첩자라며 바다에 던져 죽이고 부인을 취하였다는 기록이 있다. 정말 천인공노(天人共怒)할, 금수만도 못한 일을 저지른 것이다. 이러한 조선의 사회 분위기를 알게 된 일본 내 조선인 포로들은 대부분이 조선으로 돌아오지 않고 대우가 좋은 일본에 정착하는 방향으로 마음먹게 되었다는 것이다.

결국 조선 조정이 포로를 송환하려고 했던 근본적 이유는 전쟁의 희생양이 된 자국민에 대한 동포애가 아닌 오직 500년 농경주의 사회에서의 '노비 확충'이었을 뿐이었다. 국제 무역이 활성화되고 서양보다 무려 191년이나 앞서 함포를 개발하고 실전에 사용할 정도로 국방 과학 기술이 발전되었던 고려와는 달리 왜 조선은 상업과 과학 기술을 천시하고 자국민을 노예로 만들며 소수의 사대부만이 모든 이익을 가져가는 농경주의 사회가 되었는가? 그 근본적 이유는 사농공상의 철저한 신분주의를 내세운 성리학(性理學)에서 찾을 수 있다. 사농공상은 철저한 중국 사대주의자들인 조선의 집권층이 국가를 농경주의 국가로 전락시키고 자신들만의 사익을 보장받기 위해 도입한 것이다. 중국몽을 예찬하는 문재인 대통령이 농업을 4차 산업시대의 국가 기간 산업으로 육성시켜야 한다고 주장한 것이 마치 중국 사대주의자들인 성리학자들이 고려를 멸망시키고 과학과 기술도 천시하며 조선을 500년 농경 사회로 만든 그때의 모습을 떠오르게 하는 것은 지나친 상상일까?

**키워드**
- 왜곡된 역사 교육과 그릇된 사고를 통한 잘못된 외교 정책
- 돌아오지 않는 조선인들, 조선으로 돌아가는 것보다 일본에 사는 것이 더 좋다.

# 법치주의의 본질은 통제 강화가 아닌 자유 보장

2020년 11월 24일 대한민국 70년 헌정사상 초유의 일이 발생하였다. 추미애 법무부 장관이 윤석열 검찰총장을 대상으로 직무집행정지명령 및 징계를 청구한다고 발표한 것이다. 참으로 어처구니없는 일이다. 어찌 우리 대한민국에 이처럼 후안무치(厚顔無恥)하고 간악무도(奸惡無道)한 정치 집단이 있었단 말인가? 이에 윤 총장은 위법, 부당한 처분에 대해 끝까지 법적으로 대응하겠다는 방침을 밝혔다.

## 공무원은 '국민을 위해' 일하는 것이 원칙이다

요즘 대한민국 사회를 혼돈으로 몰아가는 '좌파 정치 그룹의 아이콘들'이 있다. 자신들과 정치적 노선을 같이 하는 사람들만의 이익을 위해 시도 때도 없이 온갖 이슈를 만들어 대다수의 선량한 대한민국 국민을 선동하는 데 앞장선 사람들이다. 공교롭게도 그들에게는 한가지의 공통점이 있다. 거의가 법조인 출신이라는 것이다.

건국 이래 전대미문의 사회주의적 독재 권력을 휘두르고 있는 정부 그리고 조국 전 법무부 장관, 추미애 전 법무부 장관, 박범계 민주당 의원(법무부 장관), 법학을 전공했으나 변호사 자격증이 없는 조국 한 사람을 제외하고는 '조국 키즈(kids)'라 불리는 김용민, 김남국 등 민주당 초선 의원들까지 이들 모두 변호사 출신이다. 과연 '이들에게 있어 법은 무엇이고 법치주의는 무엇일까?'라는 생각을 해본다. 우리 자랑스러운 자유민주주의 대한민국은 1948년 건국 이래 입법, 사법, 행정의 3권 분립을 원칙으로 하고 법치주의에 의한 공화정을 유지하고 있다.

그러나 지난 2020년 11월 20일 조국 전 법무부장관은 '국민의 검찰'임을 강조한 윤석열 검찰총장을 향해 '국민보다 대통령과 추미애 법무부 장관에게 먼저 책임을 다해야 한다'라고 지적하면서 공무원인 윤 총장의 공직 윤리 및 가치관을 전면 부정하였다. 그는 정작 사법고시도, 행정고시도, 임용고시도 치르지 않고 능력이 아닌 오직 정치적 목적에 따라 법무부 장관에 임명되었다. 그것조차도 불과 한 달 남짓밖에 안 해 본 '공직 생활 초년생'인 그가 바라본 공무원의 삶은 '국민이 아닌 오직 임명권자에게 충성하는 것'이었던 모양이다.

그러나 그러한 '발칙한 발상'은 근본적으로 큰 문제점을 내포하고 있다. 다름 아닌 '모든 공무원은 국민을 위해 일해야 한다'라는 기본 원칙을 망각하고 있다는 것이다. 그 직책이 대통령이든, 장관이든, 주민센터의 9급 공무원조차 그 임무 수행의 목적은 국민을 위한 것이다.

더욱이 선출직 공무원인 대통령, 그에 의해서 임명된 각 부의 장관들은 그 책임감을 각성하고 더욱 국민에게 충성해야 하는 것이다. 그것이 공화정이 만들어진 근본 목적일 뿐만 아니라 자유민주주의 국가 시스템의 초석이다. 그런데 조국이라는 사람은 그 기본을 모르고 본인의 주관적인 생각이 마치 진실인 양 위력 행사를 한 것이다. 좌파 정치 그룹은 국민의 세금을, 국민이 자신들을 대신해서 국가 운영에 사용하라고 공무원들에게 주는 것이 아닌 마치 동네 불량배들처럼 자신들이 빼앗아 쓰는 것쯤으로 생각하고 있었던 모양이다.

'국가공무원 복무규정 제2조'에는 다음과 같이 명시되어 있다.

'(모든) 공무원은 국민 전체의 봉사자로서 직무를 민주적이고 능률적으로 수행하기 위하여 창의와 성실로써 맡은 바 책임을 완수하여야 한다.'

또한 국가의 안보를 책임지는 국군의 경우 군인복무기본법 제5조에 '대한민국 국군은 국민의 군대로서 국가를 방위하고 자유민주주의를 수호하며 조국의 통일에 이바지함을 그 이념으로 한다.' 그리고 '국군은 대한민국의 자유와 독립을 보전하고 국토를 방위하며 국민의 생명과 재산을 보호하고 나아가 국제 평화 유지에 이바지함을 그 사명으로 한다'라고 명시되어 있다. 정리하면 대한민국 국군의 이념과 사명은 국민의 생명과 재산을 보호하는 것이지 오로지 대통령에 충성하는 것이 아니라는 것이다. 직책상 대통령은 국군 통수권자이기는 하나, 자연인으로서는 국군의 보호를 받는 국민의 한 사람임을 의미하기도 한다.

지난 20여 년간의 공직 생활 경험을 토대로 볼 때 많은 임명직 공무원은 본인이 충성해야 할 대상이 국민이 아닌 임명권자로 착각하고 있는 모습을 보이곤 했다. 그러나 월성 원전 감사 결과에서 볼 수 있듯이 강직한 공무원인 최재형 감사원장이나 살아있는 정권의 불의와 싸우고 있는 윤석열 검찰총장의 모습처럼 공직자로의 자세를 정확히 이행하는 공무원들도 있다. 덕분에 이 나라가 유지되고 발전되어 온 것이다.

공교롭게도 법치주의를 교란하고 있는 조국, 추미애 전 법무부 장관이나 최재형 감사원장, 윤석열 검찰총장 이들 역시 장관급 공무원이면서 법조인 출신이라 공통점이 있다. 참으로 우스운 것은 조국, 추미애, 최재형, 윤석열 등 네 명의 장관급 공무원을 선발하고 임명한 사람은 모두 문재인 대통령이라는 것이다. 이들 중 공무원 생활이 일천(日淺)한 앞의 두 명을 빼곤 감사원장, 검찰총장 두 명은 평생을 강직한 공직자로 살아온 대표적인 인물들이다.

지금 이 땅에 살고 있는 국민 한 사람 한 사람에게 "똑같이 법을 공부한 그들 중 누가 과연 법치주의를 가장 정확하게 따르고 이행하고 있는가?"라는 질문을 던져 본다.

좌파 정치 그룹은 이미 감사원의 감사 결과로 명명백백한 사실로 판명된 '월성 원전 1호기 경제성 조작 사건'을 전 근대적인 용어인 '통치 행위'라는 용어를 사용하며 부당한 권력 행사를 마치 적법한 것처럼 주장하고 있다. 또 정작 정당한 공무 행위를 정권에 대한 조직적 저항이라면서 그 파렴치한 행위를 정당화하고 국민을 혹세무민(惑世誣民)하고 있다.

그렇다면 그들의 사념(邪念)과 그릇된 사고 체계는 어디로부터 기인하게 되었는가? 가장 근본적인 원인은 다름 아닌 1392년부터 무려 500년 동안 한반도를 지속적으로 지배해 온 조선의 정신 세계와 봉건주의 왕정(王政) 국가의 통치 방식에서 찾을 수 있다. 즉 국민을 오직 수탈의 대상 및 지배층의 생산 수단인 노예로 생각하고 권력을 가진 소수의 권익만을 챙기며 오직 자신들만의 이너서클 속에서 만들어진 카르텔과 불의를 행사하는 마피아적 패거리 문화에 기인하는 것이다.

우리는 그것이 지금 대한민국 내 기생하고 있는 좌파 정치 그룹 가치관의 본질이며 '중국몽'으로 불리는 현대판 중화사상(中華思想)의 기반이자 중국 사대주의를 이 땅에 깊숙이 박아 놓고 정신 세계를 오염시킨 성리학이라는 세뇌 도구가 한반도로 유입되면서 시작되었음을 있는 그대로의 사실로 이해해야 한다.

## 한반도를 병들게 한 근본 원인, 성리학

성리학은 12세기 남송(南宋)의 주희(朱熹)에 의해 성립된 새로운 학문이었다. 지금 기준으로는 무려 2,500년 전인 기원전 551년에 태어난 공자와 기원전 372년에 태어난 맹자가 유학(儒學) 사상과 그들이 남긴 말을 따르는 기존의 유학 사상과 체계에 주희가 '도교의 종교적 특징'을 포함시키고 융합시켜만든 학문이다. 유학을 이(理)와 기(氣)의 '형이상학적 체계'로 재해석하고 음(陰)과 양(陽)을 통해 우주의 기본 원리와 사물의 본질을 깨우치도록 재편집한 것이다.

성리학의 기본 경전은 사서오경(四書五經)으로 구성되어 있다. 사서(四書)는 대학, 중용, 논어, 맹자를 말하며 오경(五經)은 시경, 서경, 역경, 춘추, 예기이다. 오경에는 특이하게도 역경(易經), 즉 '주역(周易)'이 포함되어 있다. 주역이 무엇인가? 다시 말해 도교의 경전으로, 이렇게 성리학은 유학의 순수학문성을 떠나 학문과 종교가 결합된 형태로 창조된 것이다.

예를 들어 조선 시대에 만들어진 각종 설화나 이야기에 산신령이나 도사가 자주 등장하는 이유는 종교인 도교가 뿌리 깊게 자리 잡았기 때문이다. 고려는, 철저한 한족(漢族) 사대주의자로서 성리학을 신봉하는 신진 사대부들이 원(元)제국 몽골의 다루가치인 울루스불카[吾魯思不花, 이자춘]의 아들 이성계를 회유하고 앞세워 일으킨 정변 때문에 멸망했다. 고려의 국교인 불교(佛敎)를 탄압하고자 〈불씨잡변(佛氏雜辨)〉까지 만들었지만 이는 명분에 불과했으므로 불교의 자리에 도교와 결합된 유교가 대체되었다.

그렇다면 주희가 살았던 당시 남송(南宋)의 상황은 어떠했는지 간략히 살펴보도록 하자. 이민족이라고 멸시하던 금(金)의 세력 확장에 떠밀려 영토가 항저우[杭州] 일대로 대폭 축소된 이후 한족 사이에는 새로운 문화가 확산되었다. 다른 민족에게 억압받는 당시의 정치, 경제, 안보 상황을 현실적으로 복구할 수는 없는 만큼 애써 외면하면서 정신적으로나마 위안을 받고 현실 상황을 탈피하고자 한 것이다. 그래서 '한족은 원래부터 세상의 중심이었다' 라는 '중화사상'의 세계관과 풍조가 급속히 확산되었다.

고려는, 한족의 국가 당나라에 의해 고(구)려가 패망한 이래 민족 최대 숙원 사업이던 랴오둥 지역 수복을 위해 공민왕 시절인 1370년 11월 랴오둥성을 점령했다. 또 우왕 시절인 1380년 8월 진포해전에서 500척의 일본 함선과 무려 3만여 명의 왜구(倭寇)를 전멸시킨 바 있다. 1389년 2월에는 전선 100척, 1만여 명의 군사를 출병하여 대마도를 정벌하여 일본 함선 300척을 침몰시킬 정도로 강력한 군사력을 갖추고 있었다.

그럼에도 불구하고 고려는 한족 사대주의자들인 신진 사대부들의 계략에 의해 국론이 철저하게 사분오열되고 우국충정의 관료들이 하나둘씩 제거되었다. 그 결과 강력한 군사력을 가지고 있었음에도 불구하고 타국 또는 이민족과의 전쟁도 없이 선동에 의해 내부적으로 멸망하게 되었다. 결국 오직 중화사상에 빠진 사대부들이 그들의 권한과 이권만을 대변하는 정치적, 문화적 도구로 적극 활용하기 위하여 '한족의 정신 승리의 도구'인 성리학을 도입하여 통치 수단으로 사용하며 '소중화(小中華) 조선'을 건국했다.

그들은 철저하게 모화사상(慕華思想)을 강조하며 5,000년 민족의 정통성보다는 중국의 일원이 되기 위하여 국가와 민족의 정체성을 오염시키고 스스로 역사를 왜곡시켰다. 그리고 소수의 한족이 다수의 이민족을 지배하기 위해 만든 처벌 위주의 형률(刑律)인 명나라의 '대명률(大明律)'을 모방하여 〈경국대전〉을 만들었다. 이를 기반으로 자국민을 대상으로 한 잔인한 형벌 집행을, 일본에 병합되어 폐지되기 전까지 500년간 지속했다.

만일 일본의 메이지유신[明治維新, 1868~1889년]처럼 성공했다면 한반도의 근현대사가 달라졌을지도 모를 1884년 12월 갑신정변. 그 주역인 김옥균의 경우 고종이 직접 자객 홍종우를 일본으로 보내 암살하고 그의 시신을 조선으로 가져오게 했다. 그리하여 1894년 4월 지금의 서울 양화대교 인근인 양화진(楊花津)에서 능치처참하고 목을 잘라 효시했으며 나머지 시신을 토막을 내어 팔도의 저자거리에 걸어 놓게 하였다. 물론 그의 부인과 딸은 노비로 만들어버렸다.

조선은 그런 나라였으며 이는 불과 126년 전의 일이다. 현대의 법치주의란 '권력자의 독단적 자의(恣意)를 배제하고 국가 권력의 행사는 반드시 법률에 근거해야 하고 이를 통한 국가 권력의 제한과 통제를 목적으로 한다'라는 것이다. 즉 권력 보호가 아닌 개인의 자유를 보장한다는 데서 조선의 법과는 근본적 목적이 다르다.

결국 지금 대한민국 내 좌파 정치 그룹에게 있어 법과 법치주의란 변변한 대국민 설명이나 논리성도 없이 각종 세금과 벌금을 확대하는 것이다. 아직 형(刑)이 확정되지도 않았으며 외국 도주의 위험도 없을 전직 대통령을 무려 4년 넘게 구치소에 감금하는 등 자의적 그리고 처벌 위주의 법 집행에 집중하고 있다. 권력이 아닌 개인의 자유를 보장한다는 현대의 법철학이 아니라 조선 시대와 같은 권력 집단의 통치 수단으로만 법을 생각하고 있는 것이다.

이는 마치 600여 년이 지났음에도 불구하고 '소중화'의 욕망을 펼치던 때와 똑같은 모습으로 보인다. 혈맹국과 우방국들의 협력도 외면한 채 '중국몽'을 칭송하면서 국제 관계와 국내 경제를 파탄시키고 국론조차 계층별, 직업별, 지역별, 젠더 등 전 방위적으로 사분오열시키고 있다. 이보다 더 무서운 악몽은 없었을 것이다.

그러한 의미에서 지금은 우리 한반도 역사에 있어 전대미문의 '위기의 순간'이다. 그러나 우리는 후손들의 밝은 미래를 위하여 반드시 이를 극복해야만 한다. 그리고 그것은 역사가 우리에게 부여한 소명이자 사명이다.

**키워드**
- 공무원은 국민을 위해 일해야 한다.
- 한민족을 망친 중국 사대주의의 근원, 성리학과 조선의 사대부들
- 중화사상에서 벗어나지 못한 조선 왕조는 한민족 역사상 최악의 정권

# 우리는 자유주의를
# 지키고 있는가?

## 500년 중국의 속국 조선으로 돌아가려는 좌파 정치 그룹

지금으로부터 138년 전인 1882년 11월, 조선 정부는 중국의 강요에 따라 국제 조약을 체결하게 되었다. 앞서 언급한 바 있는 '조청상민수륙무역장정(朝淸商民水陸貿易章程)'이다. 제1조에서는 '중국(淸)의 북양대신이 파견한 상무위원은 조선의 항구에 상주하며 본국의 상인을 돌본다', 제2조는 '청 상인의 조선 항구에서의 고소 사건은 청 상무위원이 심의 판결한다', 제8조에서는 '향후 협의 사항은 북양대신과 조선 국왕이 협의하여 적절하게 처리한다' 등을 규정하고 있다.

1882년 7월 발생한 임오군란(壬午軍亂)을 계기로 중국이 조선에 대한 실질적인 영향력을 강화하기 위해 강제 체결한 조약이다. 이 조약이 체결됨으로써 조선이라는 나라는 중국에 조공을 바치던 조공 국가에서 한발 더 나아가 문서로서 '국제적으로 중국의 속국'임을 자인하게 되었다.

조약의 제1, 2조에 의거해 조선 영토 내에서의 '행정권과 사법권'을 중국 관리가 직접 집행하게 되었고 제8조에 따라 '조선의 국왕은 청의 관리인 북양대신과 동급'으로 결정된 것이다. 일본제국이 1895년 청일전쟁에서 승리한 이후 그 권한과 권리를 가져감으로써 좀 더 쉽게 합법적으로 조선을 병합할 수 있는 계기가 되었다.

2020년 11월 왕이[王毅] 중국 외교부장이 방문하자 이 나라의 대통령과 고관대작들이 주권 국가로서 기본적 의전도 무시한 채 그의 비위를 맞추기 위해 전전긍긍했다. 이런 여러 가지 행태나 왕이가 그들에게 행한 언행은 마치 138년 전 중국의 북양대신이 상국의 관리로서 속국인 조선의 국왕이나 관리들을 대한 태도와도 오버랩되었다. 참으로 수치스러운 순간이었다.

더욱이 왕이의 거침없는 행보는 이미 대한민국의 국권을 무시하는 듯 보였다. 지난 70여 년간 오직 한미동맹이라는 튼튼한 버팀목에 힘입어 발전해 온 대한민국의 영토 안에서 "미국 주도의 세계 질서는 일방주의이므로 이를 차단하기 위해 한국과 중국이 더욱 긴밀히 협력해야 하며 이를 실현하기 위해 중국의 일대일로 정책에 접목하여 상생하자"라고 한 발언에서 그런 태도를 볼 수 있다. 특히 문정인 통일외교안보특보와의 대화에서는 한 발 더 나아가 새로운 냉전 체제를 유발하는 것은 미국이라고 지목하면서 "신(新)냉전의 낡은 블록 외교를 벗어나기 위해 새로운 국제 질서를 만들어야 한다"라고 하였는데 이는 쉽게 말해 미국과 단절하고 중국과 함께 하자는 것이다.

중국 외교부는 회담 결과를 발표하면서 '글로벌 데이터 안보 구상'에의 동참 논의를 언급하였다. 그런데 이 글로벌 데이터 안보 구상이라는 것은 우리 군(軍)의 해안 경계 시스템 소프트웨어에서 중국의 악성 코드가 적발된 것처럼 이미 전 세계적으로 심각한 중국의 사이버 해킹과 그 범죄 행위에 대한 대응책의 일환인 미국의 '5G 클린패스'를 저지하겠다는 것을 말한다. 우리 정부가 발표하지 않은 '한중 2+2(외교부, 국방부장관) 대화' 개최 논의도 있었다고 하였다.

지금 이 나라는 어디로 가고 있는가? 수백만 명의 사상자를 발생시킨 한반도 역사상 최악의 전쟁인 6·25전쟁의 주범인 중국과 지금 무슨 일을 벌이고 있는가? 그리고 그 전쟁에서 우리를 구원해 준 미국을 함께 배척하자고 하는 행위가 과연 타당한 행위인가? 이 나라는 중국 사대주의에 찌든 조선처럼 아직도 중국의 속국인가? 자유민주주의를 지향하던 우리 대한민국이 아직도 중국의 책봉 승인을 받아 왕권을 유지하던 '조선 왕조'인가? 아니면 휴전선 이북의 땅을 강점하고 봉건주의 조선을 그대로 답습하고 있는 '전주 김씨 왕조'의 조선민주주의인민공화국과 동일하게 중국의 속국이었단 말인가?

그동안 중국은 우리 대한민국의 수많은 핵심 기술을 훔쳐가고 이를 통해 반도체, 철강, 조선, 자동차 등 5대 기간 산업의 기반을 흔들었다. 'BTS 논란' 뿐만 아니라 동북공정의 연장선 상에서 한복, 태권도 문화 강탈에 이어 심지어 김치의 국제 표준을 제정하는 등 동시다발적으로 한민족의 전통 문화까지 침범하고 있다. 이 시점에서 지난 수십 년간 한미동맹과 한미행정협정 (SOFA) 등을 두고 민족의 자주권을 운운하며 반미(反美)를 주창하며 국민을 선동하고 국론을 분열시키던 그들은 도대체 어디로 갔는가?

절체절명의 순간 이 나라와 국민의 목숨을 구해준 미국에 대해서는 반미를 외치고 한반도를 호심탐탐 노리고 수없이 많은 침략을 했던 중국에게는 왜 스스로 머리를 숙이고 들어가는가? 결국 모든 것은 일맥상통하게 하나로 연결이 된다. 지금의 친중 좌파 정치 그룹은 조선의 지배자들처럼 철저하게 중국 사대주의자들에 불과하다는 것이다.

## 스스로 얻은 자유와 남이 찾아준 자유, 그 소중함의 차이

두 나라가 있다. 양국은 모두 식민지에서 독립한 국가이다. 한 국가는 '해가 지지 않는 나라'라는 영국제국의 식민지였으며 다른 한 국가는 그 영국제국과 '영일동맹'을 맺고 동북아시아 패권을 장악했던 일본제국의 식민지였다. 아주 기막힌 역사적 공통점을 가졌다.

식민지 역사의 공통점을 가진 미국과 대한민국의 국가(國歌)를 그 가사의 의미를 생각하며 천천히 읽어 본다면 근본적 차이가 있다. 미국 국가의 가사는 '우리가 그토록 자랑스럽게 환호했던 굵은 띠와 빛나는 별들이 새겨진 저 깃발이 치열한 전투 중에서도 우리가 사수한 성벽 위에서 당당히 나부끼고 있는 것은 포탄의 붉은 섬광과 창공에서 작렬하는 폭탄 속에서 밤새 우리의 깃발이 휘날린 증거라. 지금도 휘날리고 있는가? 자유의 땅과 용사들의 고향에서'라는 내용이다. 대한민국 국가의 가사는 '동해물과 백두산이 마르고 닳도록 하느님이 보우하사 우리나라 만세. 무궁화 삼천리 화려강산, 대한 사람 대한으로 길이 보전하세'이다.

물론 미국 국가에서도 4절에 '하늘이 구한 이 땅과 우리의 나라를 만들고 지켜 준 신의 권능을 찬양하게 하소서'라는 가사가 있다. 그러나 미국의 경우 수없이 많은 전투를 통해 얻은 자유를 강조하며 청도교의 국가답게 하나님의 은총을 찬양하는 내용이다. 하지만 한국의 국가는 처음부터 '하느님의 보살핌'으로 나라가 유지되었다고 말하고 있다.

시민의 합법적 총기 무장을 두고 논란이 되는 미국의 수정헌법 2조는 미국의 국가(國歌)에서 그 의미를 알 수 있듯이 독립전쟁의 처절함과 힘겨웠던 건국 과정을 함축하고 있다. 또 국가를 부름으로써 건국 이념을 기억하고 지키는 것이다. 그리고 '노예는 무장하지 않는다'라는 역사적 사실에 근거하여 자유 시민의 권리를 보장하는 마지노선이기도 하다.

좌파 정치 그룹이 반일 선동을 위해 한일병합과 함께 자주 인용하는 임진왜란의 상황으로 들어가 보자. 임진왜란 발생 이전 중국(명나라) 주도로 일본을 정벌하고자 속국 조선 역시 동참하는 정왜론(征倭論)이 있었으며 이미 임진왜란 발생 3년 전부터 조선은 전쟁에 대비하고자 성을 보수하고 군사를 정비하였다는 것은 역사적 사실이다. 그런데 왜 조선군은 3년간 전쟁 대비를 했는데 초전에 그토록 쉽게 궤멸하였는가? 그 이유는 조선의 병역 제도 문제에서 출발한다.

조선은 철저한 양천제의 나라였다. 그리고 노예가 무장하지 않는 것처럼 노비는 군역을 지지 않았다. 노예는 군인이 될 수 없는 것은 동서고금을 막론하고 마찬가지였다. 그렇다면 왜 그것이 조선에서는 문제가 되었을까? 그 이유는 조선에는 노비의 비율이 너무 높았다는 것이다. 성종 때에는 전체 인구의 80% 이상이 노비였다는 기록도 있다. 임진왜란이 발발하고 정규군이라고 볼 수 있는 정병(正兵)들이 궤멸하자 나타난 두 가지 현상이 있다.

1594년 4월 서애 류성룡이 장계한 '진시무차(陳時務箚)'를 보면, 당초 〈경국대전〉에 기록된 정규 무관인 갑사의 인원은 1만 4,800명이나 실제로 확인해 보니 4,640명에 불과했으며 이 또한 실제 병력이 아닌 서류상의 숫자라고 탄식하는 내용이 나온다. 이에 류성룡이 궁여지책으로 내놓은 방법이 '노비도 군역을 지면 노비 신분을 없애준다'라는 것이었다. 초반의 수세에도 불구하고 파죽지세의 일본군과 군사적 안정화가 이루어지게 된 것은 크게 노비 면천 약속과 자발적 의병 봉기, 이 두 가지 현상 때문이었다.

조선은 양인이면 모두 60세까지 군역 대상이며 군대는 실제 군사인 정병과 이를 지원하는 보인으로 구성되었다. 다시 말해 노비를 제외한 모든 조선의 양인은 원칙상 평상시에는 순번제로 병역 의무를 행사하고 전쟁이 나면 군대에 소집되는 시스템을 가지고 있었다.

세조실록 40권 1466년 11월 2일의 기사를 살펴보면 대사헌인 양서지가 "조선의 인구는 무려 1백만 호(戶)나 되는데 그 중에서 활을 잘 쏘는 병졸이 30만 명이고 정예한 병졸이 1만 명, 용감한 군사가 3만 명입니다"라고 보고하는 내용이 나온다. 그의 말대로라면 조선은 '당대 최고의 원거리 투사 무기'인 활을 잘 쏘는 군사만 30만 명을 가진 세계 최대의 군사력을 가진 나라가 되는 것이다. 중국 사대주의의 근간인 성리학을 신봉하는 조선의 지배층들은 이러한 허황된 생각을 가지고 국가를 운영하였던 것이다.

그러나 정작 양반들은 전쟁이라는 국난이 발생하자 기득권 세력으로서의 그 사회적 위치만 주장하며 전쟁에 참전하지 않았다. 또는 하급 무관 밑에 들어가는 것을 반대하면서 스스로 고을 주민과 자가 노비들을 데리고 직접 의병을 일으켰다. 이러한 이유로 임진왜란이라는 혼란기에 정부 주도의 군 통제가 아닌 군관 밑에 의병들이 배치되거나 의병장 밑에 정규군이 배치되는 경우도 비일비재했던 것이다.

사실 징병제 국가에서의 '의병'이라는 것은 왕의 입장에서 보면 '정부의 군대 소집을 거부하고 스스로 군사를 일으킨 세력'이 되는 것이었다. 그래서 임진왜란 전후 복구 과정에서 많은 의병장이 고문을 받거나 죽게 된 것이다. 이러한 사실로 인해 병자호란 때에는 의병조차 봉기하지 못했다.

미국이라는 국가가 성립되기 이전까지 영국제국의 식민지인 아메리카 대륙 내에서는 수많은 자유 시민이 미국의 독립을 위하여 수없이 많은 전투를 하였다. 이런 상황은 앞서 언급한 바와 같이 미국의 국가에 아주 잘 표현되어 있다. 반면 한반도의 해방과 대한민국의 건국은 스스로의 노력보다는 미국이라는 외세의 힘에 의해 이루어졌다.

1910년 한일병합이 되던 그날, 국권이 넘어가는 그 날조차 한양은 그저 조용하기만 하였다는 기록이 있다. 국가 간의 전쟁이라는 무력 충돌이 아닌 봉건주의 국가의 국왕이 승인하고 전권 대신들이 체결한 국제 조약으로 국권이 넘어갔기 때문이다. 그저 아무 일도 없었던 것처럼 말이다. 임진왜란 시 수많은 조선 사람이 일본군을 보고 그저 상전(上典)이 바뀌었을 뿐이라며 오히려 세금이 줄어 좋아했다는 기록을 보면 그 현실을 실감할 수 있을 것이다.

'자유주의, 민주주의는 누가 가져다주는 것이 아니라 쟁취'하는 것이다. 일본제국의 통제를 받던 35년간 극소수의 독립군, 광복군을 뺀 지금 이 땅에 살고 있는 국민의 직계 조상인 2000만 명 조선인은 무엇을 하고 있었는가? 역사의 진실을 모르는, 알고 싶지도 않은 좌파 세력은 우리에게도 임시정부가 있었고 광복군이 있어 스스로 해방될 수 있었다고 주장한다. 그러나 임시정부 산하 광복군의 공식 숫자는 '339명'에 불과했다는 사실을 알고나 있는가?

조선 왕조 500년간 이 땅의 대부분 사람이 노비로 살았으며 일본제국에 병합됨으로써 신분제가 폐지되었다. 그러나 99년간의 영국령으로 자유주의를 몸에 익힌 홍콩과는 달리 중국 사대주의 문화를 없애기에는 근본적으로 한계가 있었다. 미국과 같이 '당대 세계 초강대국 영국제국과의 처절한 독립전쟁'을 통해 스스로 얻은 것도 아니라 아직까지도 자유주의의 소중함과 민주주의의 우수성 그리고 시장경제 시스템의 탁월함을 알지 못하고 있다.

결국 우리는 피로써 성공한 일본의 메이지유신이나 미국의 독립전쟁처럼 자유를 얻기 위해 무엇인가를 희생해 본 적이 없기에 소중함을 결코 알지 못하고 있다. 그리고 지금 무엇을 잃고 있는지조차 인식하지 못하고 있다. 얼마나 안타깝고 무서운 일인가?

**키워드**

- 영국제국의 식민지 미국과 일본제국의 식민지 조선, 두 국가의 근본적 차이
- 스스로 싸워 쟁취한 자유가 진정한 자유
- 미국에 의해 부여받은 자유, 그 소중함으로 모르는 이 땅의 국민들

# 자유민주주의의 근간을 흔드는 공무원들

**입법, 사법, 행정 삼권 분립은 자유민주주의 공화국의 근본**

2020년 12월 6일 민주당의 5선 국회의원 우원식 의원은 법원이 월성 원전 1호기 관련 문서 444건을 임의 삭제한 혐의로 산업통상자원부 공무원 두 명의 구속을 결정한 것을 두고 "법원에 대해 인내심의 한계를 느끼게 한다"라고 불만을 토로하였다.

사법부가 입법부의 명령에 따르거나 눈치를 보고 판결을 해야 한다는 것인가? 대한민국의 국회의원들은 1973년 2월 제정된 '국회의원 수당 등에 관한 법률'에 따라 국민의 세금으로 마련된 재원을 바탕으로 매월 고액의 수당을 받으며 법적으로는 차관 예우를 받는 입법부 소속의 '정무직 국가공무원'에 한정된다. 범죄자에 대해 법을 집행하는 것은 삼권 분립의 원칙에 따라 동등한 권위를 가진 사법부의 고유 권한이다.

그럼에도 불구하고 무소불위(無所不爲)의 사회주의적 독재 정권을 휘두르고 있는 여당의 5선 의원은 자신의 속내를 그대로 담아 무심코 한 마디를 내뱉었다. 이 말은 마치 좌파 독재 정권을 완성하기 위하여 대한민국 헌법 제1조 '민주공화국'의 근간을 흔들고 있는 현 집권 세력의 인식 수준을 있는 그대로 평가할 수 있는 바로미터일 수밖에 없다.

그 다음날인 12월 7일 추미애 법무부 장관을 행동대장으로 하여 법치주의 존립의 마지막 보루와 같은 검찰과 법원을 이간질하고 갈등을 유발하여 법치주의를 무너뜨리려던 그들의 간계는 다행히도 '전국법관대표회의'에서 부결됨에 따라 일단 수포로 돌아갔다. 즉 현 정부가 만들어 낸 검찰의 판사 사찰 의혹 건은 안건 자체에서 배제되었다는 것을 말한다.

그 이유는 매우 간단하였다. 당초 이간질의 목적 자체가 정치적이었던 만큼 정치적으로 악용될 수 있다는 것이 법원의 생각이다. 그리고 참으로 웃긴 것은 '통상적으로 진행되던 이러한 일들조차 그들의 주장처럼 문제의 소지가 있었던 것'이라면 모든 책임은 지난 4년간 이를 방치한 법무부와 이들이 포함된 행정부의 수장, 즉 대통령의 지휘 관리 책임 소홀로 귀착된다는 점이다.

민주주의에 있어 삼권 분립은 기본일 뿐더러 그것은 대한민국의 건국 이념인 '민주주의 공화국 건설'의 근간이 되는 것이다. 지금 대한민국의 정치인들은 자신들의 국가가 어떤 국가인지조차 모르고 있다. 이들에게 선동된 국민은 좌파 정치 그룹의 프로파간다와 오랜 기간 속칭 '참교육'이라는 허울 속에서 '전교조의 농간'으로 인해 자유주의가 무엇인지, 민주주의가 무엇인지, 삼권 분립이 무엇인지, 공화국이 무엇인지조차 모르게 된 것 같다.

민주주의는 입법부, 사법부, 행정부가 분립되고 각각의 영역에서 상호 견제하며 한쪽의 독주를 막으며 자유민주주의를 수호하고 국가를 번영시키는 것을 최우선 과제로 삼고 있다. 공화정을 택한 국가들이 대통령을 행정부의 수장으로 삼은 것은 봉건주의의 왕(王)으로 추대한 것이 아니고, 행정부가 입법부, 사법부를 통제하라는 것도 아니다. 오직 외교부를 관할하는 행정부의 수장에게 국제 관계에서 국가를 대표하라는 책무를 할여(割與)해 준 것에 불과하다.

다시 말해 법치 국가란 대법원장이 국내 사법권의 총 책임을 지며 각 지역 구별 국회의원의 대표인 국회의장은 국가 발전과 국민의 편의 향상을 위한 입법 행위를 책임지고 행정부의 수장인 대통령은 법에 따라 국가를 효율적으로 관리하고 사법부의 법 집행에 도움을 받으며 세계 각국과의 국제 외교를 관리하는 시스템을 구축하고 있다는 것이다.

그런데 서열을 파괴하고 국회의장이던 정세균을 행정부의 2인자인 국무총리로 임명한 데 이어 민주당 당 대표를 역임했던 추미애를 보다 낮은 법무부 장관으로 임명했다. 그러고 나니 문재인 대통령은 마치 입법부가 행정부의 통제를 받는 기관으로 착각하고 있는 것으로 보인다. 게다가 이제는 행정부 소속인 검찰청을 개혁한다는 빌미로 법원 내 '호남계와 운동권 출신'들이 모태가 된 '우리법연구회'라는 좌파 모임과 협잡하여 사법부까지 손아귀에 넣으려는 행태를 보이고 있다.

민주주의 사회에서는 다양한 의견이 있을 수 있고 그러한 이견 속에서 합일점을 찾아가며 민주주의를 발전시키는 것이다. 그러나 현재 대한민국에서 가장 심각한 문제는 좌파 정치 그룹에게는 대한민국의 건국 이념도, 자유주의도, 민주주의 개념도 용납되지 않는다는 것이다. 그저 자신들의 카르텔과 이너서클의 이익만을 대변하는 반자유주의, 반민주주의, 반시장경제 세력에 불과하다는 점이다.

더욱이 그 근본적 배경은 다름 아닌 오랜 기간 지속되어 온 대한민국의 공산화에 있다는 것이다. 일본에서 출판됨으로써 공식적으로 알려진 〈김일성 비밀 교시〉란 책자에는 다음과 같이 대표적 지령이 자세히 기술되어 있다.

"남조선에는 고등고시만 합격하면 행정부, 사법부에 얼마든지 잠입할 수 있다. 머리가 좋고 확실한 자식들은 데모에 내보내지 말고 고시 준비를 시키도록 하라(1973년 4월)."

"변호사는 법정에서 우리 측의 유리한 원조자다. 이들을 적극 활용하라(1968년 12월)."

이에 따라 오랜 기간 물밑에서 행정부와 사법부를 좌경화시키고 변호사 업계에서도 좌경화를 진행하였다. 사법부 내 '우리법연구회'와 변호사 업계의 '민주 사회를 위한 변호사 모임(민변)' 등이 그 대표적 특성을 보이고 있다. 이들의 공통점은 쉽게 예상할 수 있듯이 북한 간첩 사건 때마다 간첩을 변호하며 항상 국가보안법 폐지를 주장하고 대한민국의 공안 시스템을 무력화할 목적으로 국가정보원 와해에 앞장서고 있다는 것이다.

## 공무원은 고도의 전문가 집단이어야 한다

2020년 11월 23일 정부는 강창일 전 한일의원연맹 명예회장을 '일본통'이라고 강조하며 주일본 대사관의 특명전권대사에 내정하였다. 그런데 정작 일본에서 그의 부임을 썩 내켜하지 않는 분위기였다. 그가 그동안 러시아에 의해 강점된 일본의 북방 영토 문제, 일왕 사죄 요구 발언 등으로 양국 언론의 주목을 받았던 인물이기 때문이다. 그는 비록 일본 도쿄대에서 동양사학 석박사 학위를 받았으나 정작 그간의 행적을 보면 반일주의자에 가깝다.

사실 특정 국가의 대학을 나왔다고 해서 반드시 그 나라 '통'이라 말할 수 없다. 우리가 '통'이라고 부를 때에는 유학했다거나 그 나라에 대해 공부했다로 따지는 것이 아니다. 그가 그 나라의 주류 사회에 얼마나 영향력을 미칠 수 있는가, 고급 정보 수집망을 가지고 있는가, 사회 각층의 핵심 인사와의 네트워크가 잘 구축되어 있는가에 대한 것을 말하는 것이다.

경우는 다르나 과거 역사상 유사한 사례가 있었다. 1904년 러일전쟁이 발생하자 당시 일본의 법무대신이던 이토 히로부미[伊藤博文]는 러시아와의 전쟁에 필요한 전비(戰費)를 빌리고자 미국으로 특사를 파견한다. 한 명은 미국 대통령 루스벨트의 하버드 로스쿨 동문이자 깊은 친분을 가지고 있던 가네코 겐타로[金子堅太郎]라는 인물이며 다른 한 명은 일본의 재정을 담당하던 일본은행의 다카하시 고레키요[高橋是淸] 부총재였다.

그리고 이들의 인맥을 통해 당대 최대 부호인 로스차일드 가문의 제이콤 쉬프와 연계하여 당시에는 어마어마한 규모였던 2억 5000만 달러의 전쟁 국채를 매입하게 했다. 이를 통해 러일전쟁을 승리로 이끌 수 있는 재정적 기반을 마련하게 된 것이다.

같은 시기에 조선의 고종도 거의 유일하다고 볼 수밖에 없었던 미국 유학파 청년 이승만을 미국으로 은밀히 파견하여 협력 강화 방안을 마련하려고 한다. 그러나 아쉽게도 청년 이승만은 당시로서는 경험과 연륜이 부족한 어린 나이의 청년에 불과했기에 그런 그가 할 수 있는 일은 그리 많지 않았다.

그 나라에서 공부하고 현지어를 할 줄 안다고 해서 없던 인적 네트워크가 갑자기 구축되는 것도 아니며 국제 관계와 외교의 전문가가 되는 것도 아니다. 그리고 국제 외교라는 것은 철저하게 '공동의 이익선'을 전제로 하며 스스로의 힘은 물론 오랜 기간 쌓아온 상호 신뢰감이 밑바탕에 깔려 있어야 하는 것이기 때문이다.

불과 얼마 전까지 철부지 어린애처럼 정부가 앞장서서 반일주의를 선동하고 일본 제품 불매 운동까지 벌였던 사실을 모두가 분명히 기억하고 있다. 그런데 2020년 11월 14일 제23차 아세안+3 정상회의 시 문재인 대통령이 뜬금

없이 스가 요시히데[菅義偉] 일본 총리에게 '친분의 제스처'를 보이는가 하면 얼마 안 있어 일본에서 공부했다는 이유로 강창일을 일본 대사로 임명하였다. 모든 세상사가 본인의 생각대로 쉽게 변한다거나 특히 국가 간의 관계가 손바닥 뒤집듯이 한순간에 절대 바뀔 수는 없다. 즉 국제 관계라는 것은 앞서 강조한 바와 같이 철저하게 '공동의 이익 속에서 자국의 이익을 극대화'하는 것이다. 과연 지금 '한일 양국 간 공동의 이익선'은 무엇인가? 결론부터 말하면 현 친중 좌파 정부의 지향점은 일본 정부의 목적과는 정반대에 있다는 것이다.

일본은 미국과 함께 중국을 공동의 적으로 지정하고 있으며 굳건한 미일 동맹을 더욱 공고히 하여 태평양 역내, 좁게는 동북아 지역에서의 주도권을 유지하려 한다. 이는 미국의 인도~태평양 전략과도 일치한다. 그리고 이는 중국의 일대일로 전략과는 전면 배치되는 것이기도 하다. 그런데 지금 정부는 초등학생도 알 수 있는 그러한 상황을 애써 무시하며 자신들만의 '상상 속의 세계'에서 국제 관계를 만들어 가려 한다. 정작 혈맹국인 미국과 우방국인 일본을 배제하고 적성국이던 중국과 야합하면 과연 무엇을 얻을 것이며 무엇이 가능할 것인가?

특히 최근 미국 의회는 2021년 '국방수권권(NDAA : National Defence Authorization Act)'의 주요 아젠다로 "화웨이 등 중국 업체의 5G 기술을 사용하는 국가와의 군사 협력을 재고(Reconsider)하겠다"라고 발표하였다. 한국의 경우 LG유플러스가 5G 장비의 30%를 화웨이 제품을 쓰고 있으며 이미 얼마 전 우리 군의 해안 경계 시스템에서 중국의 악성 코드가 적발된 사례도 있다. 이런 와중에도 2020년 11월 27일 한국을 방문한 왕이[王毅] 중국 외교부장이 "신 냉전 체제를 유발한 것은 미국이며 한국은 중국과 협력

해야 한다"라고 공식적으로 압력을 행사하였다. 또 '한중 2+2(외교부, 국방부 장관) 대화'를 개최하려 하는 등 한미 관계, 미일 관계 그리고 더 나아가 한미일 관계를 와해시키려는 행태를 가속화했다.

그런데 이러한 국가 위기 상황 속에서 아그레망조차 없으며 은밀히 움직여야 할 정보기관의 수장인 박지원 국정원장이 일본을 공식 방문한다거나 반일주의를 주장하던 사람을 일본 대사로 부임시키는 행위는 한심하기 그지없는 행태였다. 그래서 이 정부는 심각한 수준의 '아마추어'라는 것이다.

우리는 유사한 사례 하나를 아주 잘 알고 있다. '백발(白髮) 이미지 마케팅'으로 커리어 우먼 브랜드화에 성공한 강경화 전 외교부 장관의 경우이다. 그녀는 김대중 전 대통령의 통역관이었다는 정치적 배려로 유엔에 근무하게 되고 그 근무 경력이 있다고 외무고시 출신이 아님에도 불구하고 외교부 장관에 임명되었다. 4년 동안 최장수 장관으로 근무했지만 국제 외교 분야에서 명확한 존재감조차 없으며 국무회의에서조차 수시로 배제되었다.

사실 강 장관이 언론에 주목을 받은 일은 두 차례 있다. 장기간의 코로나 팬데믹 속 경제 위기라는 이 국난의 시기에 993년 거란과의 전쟁을 막고 강동 6주를 외교로 획득한 고려 시대 서희의 담판과 같은 뛰어난 외교 성과가 아니라 아쉽게도 어디 있는지도 모르는 감비아라는 나라와 북핵 문제에 대한 협력 관계를 구축하겠다고 했을 때와 외국 여행이 제한되는 이 시국에 그녀의 남편이 미국으로 요트를 사러 갔을 때이다.

그리고 강 장관은 2020년 12월 7일 아랍에미리트(UAE)에 가서 '2030 부산 엑스포 유치' 노력을 했다고 한다. 물론 이 또한 전 정부에서 전문가들의 의견을 종합하여 이미 '경제성 및 타당성 없음'으로 결정되었던 죽은 정책인 가덕도 국제공항 건설안을 다시 살려낸 것과 마찬가지로 부산시장 선거에 영향을 주려는 정치적 목적에 불과한 것이었다. 그렇게 공무원의 옷을 입은 광대들은 지금 공무원이 아닌 광대의 역할을 하고 있다.

**키워드**
- 공화정의 올바른 의미조차 모르는 이 땅의 정치인들
- 전문가가 없는 공무원 집단은 국가 정책을 망치고 그 피해는 국민에게 돌아간다.

# 지금 대한민국은
# 1984년의 동물농장인가?

## 쉽게 선동되는 국민은 자유를 지킬 수 없다

1949년 출판된 조지 오웰의 소설 〈1984〉에는 이런 대목이 나온다.

"당이 발표한 모든 것은 문서상으로 옳다고 증명되고 그때 필요하지
않은 뉴스 항목이나 의견 표출은 절대 남겨지지 않는다."

이 디스토피아적 미래를 주제로 하는 소설은 절대적 권력을 가진 '빅 브
라더'가 통제하는 가상의 국가 오세아니아에서 이루어지는 이야기로 전개된
다. 철저한 전체주의 국가인 이곳에서는 '텔레스크린'이라는 장비를 통해 시
민들을 24시간 빈틈 없이 감시하고 조작된 통계 자료를 이용해 국민들을 세
뇌시키는 한편 지금의 CCTV와 같은 기능으로 국민의 행동을 일거수일투족
통제한다. 개인의 소소한 일상은 물론 남녀 간의 성행위까지 감시하며 불평
불만을 토로할 경우 적발하여 처벌한다. 뿐만 아니라 의식주를 적극 통제하
는 배급제 사회로 만들어 개인의 자유가 절대 보장되지 않는 사회이자 국가
이다.

더욱이 이 나라는 절대 권력자인 '빅 브라더'가 2% 내외의 이너 파티(Inner

Party, 핵심 당원), 그 밑의 아우터 파티(Outer Party, 일반 당원)를 활용하여 85%의 프롤(Prole, 시민)들을 통제하는 철저한 계급 사회이다. 시민들에게 허락된 것은 오직 모두가 똑같은 생각을 하고 똑같은 구호를 외치며 그들의 통치자인 빅 브라더에게 충성하는 것뿐이다. 이러한 모습은 주인공의 '가이 포크스 가면'으로도 유명했던 2005년 개봉작 '브이 포 벤데타'라는 영화에서도 아주 잘 표현되어 있다.

2020년 12월 문 대통령이 화성시 동탄 신도시의 13평 아파트를 두고 "4인 가족이 살기 충분하다"라고 한 말이 추종자들을 제외한 대다수 국민의 분노를 샀다. 국민들은 왜 분노하는가? 그는 불과 3년 만에 전국의 아파트값을 천정부지로 올려놓았으며 "모두가 강남에 살 필요는 없다"라고 주장하던 좌파 정치 그룹의 지속된 망언과 더불어 지내고 있다. 또 국민의 세금으로 수억 원의 연봉을 받고 광화문 청사로 나오겠다는 선거 공약조차 파기한 채 경호실의 경호를 받으며 청와대에 거주하며 전용기까지 운영한다. 이런 그가 퇴임 후에 거처할 사저와 경호동 신규 건설에 수십억 원의 국가 예산을 남용하고 있기 때문일 것이다.

이러한 연유로 청와대 홈페이지에는 '대통령도 퇴임 후 사저를 여섯 평으로 제한해 달라'라는 청원까지 진행되었다. 그리고 그가 13평 아파트가 4인 가족에게 적합하다고 했던 장소인 화성시는 아이러니하게도 정세균 국회의원실 및 청와대 행정관 근무 경력을 가진 서철모가 시장으로 있는 곳으로, 그 역시 시장 출마 당시에 '집이 아홉 채나 있는 집 부자'였다.

오랜 기간 위안부 할머니들의 돈을 갈취하고 길 할머니의 거짓 생일 잔치까지 벌인 국회의원 윤미향에게서 볼 수 있듯이 좌파 정치 그룹은 '결코 약자를 대변하거나 서민을 대변하지 않는다.' 오직 그들을 선동하여 자신들의 이익을 극대화한다. 그러나 불쌍한 이 땅의 국민들은 그들의 선전 선동에 항상 속고 항상 이용을 당하는 것을 반복하고 있다. 〈1984〉 소설 속 이너 파티와 같은 그들에게서 '부패할 대로 부패한 정권의 민낯'을 볼 수 있다. 조지 오웰의 또 다른 소설 〈동물농장〉도 〈1984〉와 함께 지금 대한민국의 실태를 그대로 대변하고 있다고 해도 과언은 아니다.

또 하나의 예를 들어 보자. 2020년 10월 미국의 '질병통제예방센터(CDC)'는 기관지인 감염병 저널을 발간하면서 '한국, 나이트클럽에서 코로나 바이러스 노출 및 확산(Coronavirus Disease Exposure and Spread from Nightclubs, South Korea)'이라는 제목의 논문을 게재하였다고 한다. 주된 내용은 한국 정부가 4월 30일부터 5월 6일까지 이태원 내 다섯 개 클럽에 있었던 5,517명을 추적하여 신속하게 246명의 감염자를 찾아낸 것에 관한 것이었다.

사실 전 세계적으로도 매우 놀라운 일이었다. 왜냐하면 중국과 북한과 같은 공산주의 독재 국가가 아닌 자유민주주의 국가에서는 거의 불가능한 일이었기 때문이다. 이러한 결과는 국민의 모든 활동 내역을 QR코드를 이용하여 감시하고 있는 중국보다도 한발 더 나아가 QR코드는 물론 스마트폰 GPS를 이용한 사용자 위치 확인 그리고 전 세계 1위의 보급률을 자랑하는 경찰 CCTV를 활용한 연동형 추적 기술 등 가용한 모든 첨단 IT 기술이 총동원되었기 때문에 가능했다. 이것이 정부가 그토록 자랑하는 'K-방역의 실체'였다. 물론의 개인 정보 사용에 대한 동의는 없었다. 그리고 이 문제를 지적하면 방역을 방해하는 반체제 인사로 몰아가며 인민재판식 선동을 한다.

사실 대한민국에서의 우한 폐렴 확산의 시작은 지난 2020년 1월 20일 이전으로 돌아간다. 중국에서는 코로나 발병지인 우한시를 폐쇄하던 그 시기에 그곳에서 대한민국으로 입국하는 중국인과 조선족이 수없이 많았다. 그리고 그들과 접촉했던 대구 사람을 중심으로 전국적으로 확산되어 지금의 상황에 이르게 되었다.

더욱이 이러한 확산 속에서 속칭 'K-방역'이라는 자화자찬을 위해 1200억 원이라는 거액을 사용하여 정부를 과대 홍보했다. 그 동안 정작 치료받아야 할 환자들의 병상조차 확보되지 않은 상황에서 말이다. 그리고 10조 원의 돈을 들여 이미 사업 타당성이 없다고 결론이 났던 가덕도에 국제공항을 짓겠다고 경상도 민심을 교란하고 선동했다. 지금 안 그래도 공항이 남아돌고 있는데 국제 공항을 하나 더 건설하는 것이 합리적인가? 아니면 추후 지속 발생할 것으로 예측되고 있는 '박쥐로부터 기인했다는 우한 폐렴'과 같이 '인수 공통 감염병'에 대비한 인력 및 시설을 확보하는 것이 중요한 것인가? 왜 이 땅의 국민들은 쉽게 선동되고 또 쉽게 스스로 자유를 포기하는 것일까? 아마도 그것은 스스로 판단하고 행동하기보다는 사악한 자들의 선동에 쉽게 넘어가기 천진난만한 민족적 특성 때문일지도 모른다. 한반도의 역사상 쉽게 선동되고 더욱이 선동되는 이유조차 모르고 수만 명이 목숨을 빼앗긴 대표적 사건이 있었다. 좌파 정치 그룹의 역사 왜곡의 대표적 사건, 바로 조선 말 동학(東學)이라는 사이비 종교의 무장 봉기였다.

### 선동된 국민들의 최후

지난 2018년 4월 좌파 정치 그룹은 서울 종각 한복판에 전봉준의 동상을 만들었다. 그들이 이렇게까지 치켜세우고 반일주의의 표상으로 내세우던 동학의 실체는 무엇일까? 동학은 학문이 아니라 조선에서 서학(西學)이라 부르던 천주교의 반(反)하여 '여러 종교의 특징을 교합하여 만들어 낸 신흥 종교'

였다. 그러한 의미에서 청나라 말기에 시작된 태평천국의 난(1850~1864년), 의화단 운동(1899~1901년)과도 깊은 유사성을 가진다.

'시천주(侍天主)'라는 한울님을 믿는 종교로, 주문과 부적을 중요 수단으로 사용하였다. 여타 종교 원리주의자들의 행동과 마찬가지로 그들도 '죽음은 순교'라는 전형적인 특징을 가지고 있었다. 게다가 당초 목적과는 달리 폭력적으로 변질되면서 동학교도들 사이에서도 북접과 남접의 갈등이 심화되었다. 순수 종교적 목적을 지향했던 북접은 정치성을 가진 폭력 조직인 남접을 두고 '먼저 섬멸하지 않으면 동학 전체에 화가 생긴다'라는 주장까지 하게 된다.

그러나 자신을 왕이라고까지 칭한 김개남을 비롯하여 이용구, 전봉준 등의 선동으로 농민이 무장 폭도로 변하게 되자 조선 정부는 조선군 중 가장 정예화 된 부대인 통위영과 장위영 등의 군사 3,200명과 최신 무기인 '개틀링 기관포와 그루프 야포' 등을 대거 내려 보내 이들을 섬멸했다. 이것이 좌파들이 수시로 반일 선동에 활용하는 1894년 12월의 '우금치 전투'이다. 좌파들은 이 전투를 두고 일본군이 동학군을 학살하였다고 주장하나 실상은 그와는 달라서 '조선군이 조선의 백성을 학살한 전대미문이 사건'이었다.

당시 청일전쟁 중으로 일본의 주력군은 평양성 전투에서 승리하고 압록강 인근까지 진격하고 있는 상태였으며 고종의 요청으로 일본군 소령 한 명과 예비군인 '후비부대 200명'만이 조선군의 지원 인력으로 참여하여 전투지에서 벗어난 후방인 견준봉에 위치하고 있었다.

동학군이 진격해 올 우금치의 병목 지역에는 조선의 최정예 부대인 이규태(李圭泰)와 이두황(李斗璜)의 부대가 동쪽과 서쪽에 개틀링 기관포와 야포 진지를 구축하고 이진호(李軫鎬)의 교도중대 및 성하영(成夏永)의 경리

청 부대가 방어선 일대에 포진하였다. 이들은 마치 태평천국 교도들과 같이 '시천주 조화정(侍天主 造化定)'이란 주문을 외치며 무작정 50여 회 연속으로 돌격하는 동학군을 기관포와 야포의 십자포화로 전멸시켰다. 그러나 좌파 정치 그룹은 조선군이 아닌 "일본군이 약 1만 7,000명의 동학당 교도를 학살했다"라고 가르치고 있다. 좌파들에 의한 대표적인 역사 왜곡 사례이다.

당시의 진실은 청일전쟁의 틈을 노려 고종의 형인 흥친왕 이재면(興親王 李載冕)의 아들 영선군 이준용(永宣君 李埈鎔)을 왕으로 만들려는 흥선대원군과 일본의 폭력 단체인 '천우협(天佑俠)'의 지원을 받은 전봉준의 동학 무장 세력이 고종의 지시에 따른 조선 정부군에게 몰살당한 사건인 것이다.

고종의 입장에서는 자신의 왕좌를 노리는 아버지 흥선대원군과 형의 아들 이준용의 쿠데타를 막아야 했고 이를 위해 조선의 최정예 군사와 무기를 투입하여 그 쿠데타의 지원 세력인 '동학 민란군'을 토벌한 것이다. 우금치 전투는 말 그대로 '조선 왕과 조선인의 전쟁'이었던 것이다.

역사에서 '만일'은 의미가 없다. 그러나 당시 최신 무기와 군사력을 보유하고 있었고 일본과 협력 관계를 가지고 있던 조선 정부가 일본을 배신하고 평양성 전투 등 청나라와 일본의 전투에서 일본의 배후를 공격했다면 역사는 다른 방향으로 흘러갈 수도 있었겠다. 하지만 500년간 외교권이 중국에 귀속되어 있어 국제 관계 정보가 거의 없었던 상태에서 오직 '일본과의 협력을 통해 청나라의 지배에서 벗어나고자 한 조선 정부'로서는 별다른 선택은 없었을 것이다.

그렇다면 왜 이토 히로부미를 저격했던 안중근은 좌파 정치 그룹이 떠받들고 있는 동학을 '조선의 병균'이라고 했을까? 그는 〈안응칠 역사〉와 이토 저격 직후 뤼순감옥에 투옥되어 있으면서 저술한 〈동양평화론〉 전감(前鑑)

에서 동학이 무엇인지에 대한 평가를 한 바 있다. '동학당이 곳곳에서 벌떼처럼 일어나 외국인을 배척한다는 핑계로 군현을 횡행하면서 관리들을 죽이고 백성의 재산을 약탈하였다.' 그리고 '조선의 좀도둑 동학당이 일어난 이때가 한국이 장차 위태롭게 된 기초가 되었으며 동학당은 청일전쟁과 러일전쟁의 원인을 만든 병균이었다'라는 것이었다. 그는 이미 동학이 봉기하던 시기에 아버지 안태훈과 함께 산포군(山砲軍)을 조직하여 박석골 전투 등 동학군 토벌에 여러 번 참가한 바 있다.

우금치 전투를 기점으로 3차 봉기가 실패하자 손병희와 15만 명이라는 가장 많은 직속 신도를 보유하고 있던 수청대령(水淸大領) 이용구는 일본으로 도피하였다. 당시로서는 거금인 1만 원을 이 시기에 일본 육군성에 군자금으로 헌납하였고 일본 적십자에도 3,000원을 기부하였다. 그리고 다시 조선으로 들어와 정미칠적(丁未七賊)의 일원인 송병준과 함께 흩어졌던 동학교도들을 다시 규합하여 '일진회(一進會)'를 만들고 100만 명 규모의 전국적 조직을 이용하여 급진적 친일 행각을 벌이며 한일합방의 정당성을 선동하였다.

내각 총리대신 이완용은 당초 독립문 건설과 〈독립신문〉 창간에 도움을 주고 당시의 국제 정세를 고려, 불가피하게 일본과의 병합이 필요하다면 최소한 대한제국의 황실은 보존하자는 '국체 보존'을 주장하였다. 그와는 달리 농상공부대신 송병준은 황실 자체를 없애고 일본과 병합하자고 주장한 반역자이다. 이러한 송병준과 야합하여 한일병합에 앞장선 단체였던 동학은 곧 친일 프로파간다의 주역 '일진회'라는 것이다.

다시 말해 좌파 정치 그룹이 그토록 싫어하는 일본과의 병합을 주도하던 세력이, 그들이 그토록 떠받들고 있는 '동학의 본질'이라는 것이다. 그러나 그들은 그러한 사실을 감추고 역사의 진실을 가르치지 않는다. 이것이 대한민

국 좌파 정치 그룹의 대표적인 왜곡된 역사관이며 가치관이며 거짓된 신념
이다. 그리고 국민을 또 다시 선동한다.

**키워드**
- 국민의 자유를 속박하는 전체주의 국가를 만드는 좌파 정치 그룹
- 망국의 근원이 되었던 동학 집단은 다름 아닌 한일병합을 주장한 일진회
- 역사를 왜곡하여 만든 잘못된 사실에 쉽게 선동되는 국민들

# 국제 협력이 아닌
# 고립주의를 주도하는 정부

## 국제 관계 감각, 안보 개념이 결여된 좌파 정치 그룹의 한계

2021년 1월 4일 한국 국적 선박이 해상 환경 오염 위반을 이유로 이란 혁명수비대에 의해 호르무즈 해협에서 나포되었다. 선박이 이동하면서 선저폐수(船底廢水)인 '빌지(Bilge)'를 외해(外海)가 아닌 영해(領海) 내에서 배출하는 행위는 국제해양법 및 당사국의 법률에 따라 강력 처벌을 받게 된다. 우리나라의 경우 5년 이하의 징역에 처하는 중벌로 다스리는 위중한 범죄 행위이다.

그러나 많은 선박이 영해를 이탈하기 전 편의상 의도적으로 영해 내에서 빌지를 배출한다. 이번 건의 경우에도 그러한 상습범에 대한 나포일 가능성이 높다. 그리고 당사국 법에 따라 선사가 합법적 처분을 받으면 해결될 단순한 법규 위반 문제일 수도 있다. 다만 그 목적이 국제적 '테러지원국'으로 지목된 이란이 국제 사회의 각종 금수 조치로 자금줄이 막히자 약 10조 원 규모의 이란산 원유 대금을 반환받기 위해 자국의 의도대로 핸들링이 가능한 수준의 국가를 선별하여 취한 행동일 것이란 점이 전문가들의 중론이다.

아이러니하게도 정부가 그동안 이란의 눈치를 보며 미국 주도의 '국제해양 안보구상(IMSC)'에도 불참하는 등 이란에 대해 저자세를 일관해 왔다는 점에서 시사하는 바가 매우 크다. 더욱이 그간 민간 단체도 아닌 정부가 앞장서서 미국, 일본 등 우방 국가들을 배척하고 '굴욕적 친화 정책'을 폈던 나라들이 다름 아닌 중국, 북한, 이란으로 이들 국가는 모두 국제 사회에서 경계 대상국이거나 테러지원국으로 낙인 찍힌 국가들이다. 왜 이란에게는 호의적이었을까? 진실은 다름 아닌 중국, 북한과의 커넥션이 있는 불량 국가이기 때문이다.

결국 국제 흐름에서 벗어난 잘못된 외교 관계를 강행하다 보니 그 결과로 혈맹 국가인 미국과의 관계를 악화시키고 경제 협력국인 일본과의 관계 역시 소원하게 만들었다. 한편 중국으로부터는 경제, 문화 침탈을 당하고 북한으로부터는 개성 연락사무소 폭파 및 평안도 구성 일대에 첨단 무기 생산 공장 신설 등 물리적, 군사적 압박을 받고 있다. 뿐만 아니라 이번에는 이란에게서조차 국적 선박이 이란 정부군에 의해 나포되는 치욕을 당하게 되었다.

현 정부 관료들은 '북한-중국-이란의 무기 거래 커넥션'이 수십 년간 지속되며 세계 평화를 직접 위협하고 있다는 사실을 모르고 있었는가? 아니면 그 사실을 타조처럼 땅속에 머리를 처박고 외면하며 숨기고 싶은 것인가? 이 땅의 좌파 정치 그룹은 그들이 항상 주장하는 것처럼 평화를 사랑하는가? 아니면 정작 평화를 망치는 악의 세력인가? 현실은 후자에 가깝다. 좌파 정치 그룹의 그릇된 망상으로 피해를 보는 것은 오직 우리 대한민국과 국민이다.

## 북한 공산 정권 위해 북한 주민의 인권 보호는 무시하는 정부

다음은 조선 시대에 만들어진 〈동사강목(東史綱目)〉의 한 대목이다.

"상고하건대 이 말은 너무 허황하여 변증할 수 없으니 통감(通鑑)에서 생략한 것이 옳다. 어찌 그처럼 무리(無理)한 일이 있을 수 있겠는가? (중략) 이 같은 것을 정사에 엮어 '한 구역 어진 나라'를 모두 '괴이(怪異)한' 무리로 만들었으니 너무나 애석한 일이다."

여기에서 말하는 '무리(無理)한 일, 괴이(怪異)한 일'은 '단군조선'을 말하는 것이다. '한 구역'은 다름 아닌 조선 중기에 유행하던 '천하도(天下圖)'의 세계관처럼 중국이 중심인 세계 지도에서 한구석에 처박혀 있는 조선을 말한다. '친중(親中) 쿠데타'로 조선을 건국한 이성계와 사대부들이 만든 조선은 애석하게도 민족의 정통성을 상징하는 단군조선이 아닌 중국인 기자(箕子)가 건설하였다는 '기자조선'을 잇는 국가이기 때문이다.

그들은 철저하게 민족의 역사를 왜곡하고 민족 정신을 말살하여 중국인이 되고 싶어 했으며 그 결과 '모화사상(慕華思想)'이 지배 계층 사상의 주류가 되었다. 조선 시대는 한반도 역사상 최악의 시기이다. 민족의 암흑기로 평가되기에 충분하다. 조선의 지배층에게 있어 세상이란 중국을 중심으로 하는 세계를 의미하였으며 성리학을 신봉하는 사대부들이 집권하는 노예 사회 조선은 그저 작은 중국 '소중화(小中華)'일 뿐이었다. 결국 한민족의 5,000년의 역사, 민족 정신의 뿌리인 단군조선까지 거짓이라고 주장하기에 이르게된 것이다.

역사상 15세기 전후의 세상은 '대항해 시대'라고 한다. 유럽 선진국들이 뛰어난 대양 항해술을 바탕으로 전 세계를 지배하기 시작하면서 앞선 경제력과 군사력을 바탕으로 식민지를 경쟁적으로 확대해 나가던 시기이다.

일본의 경우 이미 서양의 문물을 받아들여 1592년 임진왜란 시 서구의 소총을 사용한 보병 전술을 적용하였다. 1613년에는 포르투갈, 네덜란드 등 유럽의 선박을 참고하여 대양 항해가 가능한 500톤급 '다테마루[伊達丸]'도 건조하기에 이른다. 또한 다테마루를 350여 척이나 만들어 본격적으로 대양으로 나아가 '동남아 무역선'으로 활용하는 등 철저하게 유럽 선진국들을 모방하고 자신들만의 대항해 시대를 만들어 가고 있었다.

소중화 사상에 빠진 조선 지배 계층이 '훈도시나 입고 다니는 야만인'이라고 무시하던 일본은 이미 그때 무모할 정도로 과감하게 '유럽 열강과의 경쟁'이라는 거대한 세계사의 용광로 속으로 뛰어들어 스스로를 담금질하고 단련하고 있었다. 그동안 중국인이 되고 싶었던 조선은 과연 무엇을 하고 있었는가? 그 결과는 300여 년이 흐른 후에 직접적으로 나타난다. 조선이 일본의 식민지가 된 것이다.

그러나 지금 대한민국의 좌파 정치 그룹은 또 다시 천동설보다 더 우매한 화이사상(華夷思想)의 세계관 속의 조선을 만들어 가고 있다. 그런 나라를 우리 후손들에게 물려 줄 수는 없지 않은가? 2020년 12월 17일에는 추궈홍[邱國洪] 전 중국 대사에게는 수교훈장까지 수여하였다. 그간 사드 도입과 관련 한미 양국 정부를 비난하고 특히 한국 정부를 무시하는 등 대한민국을 폄훼하는 대표적인 중국 인사에게 말이다.

같은 날 토카스 오헤야 퀸타나 유엔북한인권특별보고관은 민주당 주도로 국회 의결을 통과한 '대북전단살포금지법(남북관계발전법 개정안)'에 대해 직접적으로 "표현의 자유를 과도하게 제약하고 북한 인권 증진에 역행한다"라고 하였다. 이렇게 국제 사회의 비판이 줄을 잇자 정부가 일제히 반박에 나섰다. 이 나라의 강경화 당시 외교부 장관은 "표현의 자유는 절대적인 것은 아니고 제한될 수 있다"라고 주장하였다. 국가의 외연을 확대해야 하는 외교부 장관이라는 직책은 잊은 채 자유민주주의의 근간을 흔드는 말을 서슴지 않게 하며 국제적 고립주의를 주도했다. 그녀가 과연 UN에서 근무했던 것이 맞을까 하는 의심까지 들게 한다.

그녀는 자유민주주의 공화국인 대한민국의 장관이 맞는가? 어떻게 장관이 앞장서서 헌법에 정면 위배하는 주장을 하는가? 통일부 역시 "절차에 따라 개정한 데 대해 이런 언급을 해 유감"이라고 입장을 표명하였다. 더욱이 미국 의회 역시 이 행위에 문제점이 많다고 비판하기에 이르자, 더불어민주당 이낙연 당시 대표는 12월 21일에 '잘못된 정보에서 출발한 오해와 왜곡'이라고 주장하며 공식적으로 유감을 표명하기도 하였다. 이 어찌 후안무치(厚顏無恥)한 언행이 아닌가?

## 진실은 필요치 않은 어리석은 믿음

'조선인은 한 사람이 멍석말이를 당하면 그 사람에 대해서 알아보려고 하지도 않고 다 함께 달려들어 무조건 때리고 보는 특성이 있다'라는 말이 있다. 일제 시대 민족 계몽가였던 윤치호 선생이 남긴 어록 중 하나이다.

약자가 무조건 선이고 강자가 절대 악도 아니다. 가난하다고 반드시 착한 것은 아니며 부자라고 나쁜 것도 아니다. 그러나 좌파 정치 그룹은 그러한 이분법적 세계관을 가지고 많은 사람을 선동하고 30% 수준의 추종자들 역시 영혼 없이 그것을 무조건 추종한다. 약자를 빙자해 권력을 차지하고 나서 정작 권력을 독점하는 그들은 더 많은 70%의 사람의 자유를 속박하고 오직 그들만이 권력과 부를 독차지하려고 한다. 그래서 그들은 진실로 악(惡)하다.

그런데 왜 좌파 정치 그룹과 추종자들은 6·25전쟁의 전범 국가인 중국이 아닌, 정작 이 땅에 자유와 민주주의를 가져간 준 미국에 대해서 한반도를 분할한 당사자이며 6·25를 일으킨 세력이라고 주장하며 반미 감정을 가르치고 선동하는 것일까? 그들에게 있어 역사란 사실이 아닌 국민을 혹세무민하고 선동을 위한 조건일 뿐이기 때문이다. 정작 '한반도 양분론'은 조선의 정치에 본격 개입한 소련에 의해 기획된 것이라는 것을 결코 가르치지 않는다. 당초 러시아는 동북아시아의 신진 강대국인 일본과의 군사적 충돌을 피함과 동시에 부동항 확보를 위하여 1900년 7월 대한제국을 배제한 채 은밀히 일본에 '대한제국(한반도) 분할론'을 제시한다. 이 제안은 그해 12월 당시 일본 총리 이토 히로부미의 반대로 사라지게 된다.

이후 러일전쟁에서 승리함으로써 일본은 동북아시아의 패권 국가로 자리매김하였다. 그러나 미국의 원폭 공격으로 일본제국이 패망한 이후, 승전국의 자격을 가진 소비에트연방공화국(러시아)은 한반도의 이북 지역을 선점하고 공산화시켰다. 좌파 정치 그룹은 역사를 사실이 아닌 자신들의 입맛에 맞게 각색하고 재편집하고 그것을 역사라고 주장한다. 그리고 그것은 그들을 추종하는 세력의 신념이 된다. 그들에게 있어 사실과 진실은 절대 중요하지 않다.

앞서 언급했던 윤치호 선생은 이미 100여 년 전에 '조선인은 10%의 이성과 90%의 감성을 가지고 살아간다'라고 탄식하였다. 그가 혼신의 노력으로 일평생 민족 계몽 운동을 했던 근본적 이유이기도 하다. 2021년은 일본제국과 병합된 지 110년, 일제 식민지로부터 독립한 지 75년이나 지난 시점이다. 그러나 그가 혼신의 힘으로 계몽하려 했던 그 근본적인 특성은 변함 없어 보인다. 왜 그러한 특성은 변하지 않고 비이성적으로 믿고 싶은 것을 믿는 것일까?

어쩌면 최근 좌파 역사관을 바탕으로 역사 왜곡의 선봉에 있던 유명 역사

강사의 퇴진 사건은 '역사 바로 세우기'의 작은 시작이 될 수도 있을 것이다.

**키워드**
- 우매한 화이사상 세계관을 통해 혹세무민하는 정부
- 대북전단살포금지법은 엄연한 표현의 자유 침해
- 진실이 아닌 감성으로 국민을 선동하는 좌파 정치 그룹

# 조롱의 정치,
# 조롱받는 국민

## 책임감을 모르는 정치인 그리고 공무원들

사람이 태어나 유아기 및 청소년기를 지나 성인이 된다는 것은 자기의 말과 행동에 대해 책임질 수 있다는 것을 의미한다. 그러므로 비록 생물학적으로는 성인이 되었으나 자신의 이익만을 향유하는 유아적 가치관에서 벗어나지 못한 사람들이 5,200만 국민의 생명과 재산을 보호해야 하는 국가의 정치, 행정, 경제, 안보 등을 책임진다는 것은 근본적으로 모순을 가지고 있다고 볼 수 있다.

국가를 운영한다는 것에는 자신이 아닌 타인을 위한 희생 정신이 전제되어야 하는데 정작 이 땅의 정치인들에서는 그러한 모습이 보이지 않는다. 2021년 1월 8일 코로나 팬데믹과 관련한 국회 긴급 현안 질의에서 한 야당 의원이 "다른 나라들은 인구 수의 5~7배의 코로나 백신을 확보하고 있다"라고 말하자 정세균 당시 국무총리는 "남의 나라가 하는 게 뭐가 중요하냐?"라고 퉁명스럽게 답변하였다. 그리고 백신 확보가 늦는 이유를 다시 묻자 '질병관리청이 주무 부처'라고 답변하였다.

삼권 분립이 원칙인 자유민주주의 국가에 행정부의 수장을 대통령으로 추대하고 국가의 대표성을 준 이유는 그만큼 입법, 사법 이외의 세세한 분야에서 행정을 치밀하게 할 수 있도록 대통령에게 국가 운영에 대한 전반적 책임을 부여한 것이다. 그리고 대통령이 대외적으로 국가를 대표한다면 그 행정부의 실무를 담당해야 할 2인자는 바로 국무총리이다.

문재인 정권은 지난 2014년 4월 전라남도 진도군 앞바다에서 발생했던 '해상 교통 사고'인 세월호 침몰 사건을 가지고 당시 행정부의 수장이자 대통령이던 박근혜를 탄핵하고 구속하였다. 이후 국정 농단, 국정원 특활비 상납 등의 이유로 20여 년의 형을 구형하고 도주의 위험이 없음에도 불구하고 첫 여성 대통령을 4년 넘게 구치소에 감금했지 않은가? 2021년 1월 14일 대법원은 징역 20년을 확정했다. 만일 대선과 관련된 정치적 목적의 특별 사면이 없었다면 박근혜 전 대통령은 87세가 되는 2039년에야 출소가 가능했을 것이다.

천재지변에 가까운 해상 교통 사고의 모든 책임은 대통령에게 있다고 했다. 그러면 2020년 1월 타이완과 달리 중국인 입국 차단을 실시하지 않아 더욱 확산될 여지를 부여하고 2년 넘게 지속되고 있을 뿐만 아니라 현재까지 세월호 침몰 사건의 희생자의 70배(2022년 4월 기준)가 넘는 사망자가 발생하고 있는 중국 우한발 코로나 팬데믹 사태의 관리 책임은 누구의 몫인가?

지난 2015년 박근혜 정부 당시 중동호흡기증후군(메르스, MERS) 발생 시 질병예방센터장(국장급)으로서 방역 실패로 징계를 받았으나 이번 정권 들어 코드 인사로 차관급인 질병관리청장으로 급부상하게 된 정은경의 책임인가? 방역을 잘한다고 정은경을 띄워줄 때는 언제이고 이제 와서 모든 책임을 전가해도 되는가?

더 해괴망측한 일은 2021년 1월 8일 국회 법사위에서 일어났다. 야당 의원이 서울동부구치소에서 1,200여 명의 코로나 확진자가 발생한 원인을 묻자

추미애 법무부 장관은 "모든 구치소는 이명박 때 초고층 밀집 시설로 만들었기 때문이다"라고 답변한 것이다. 참으로 어처구니없는 답변이다. 그런 논리라며 5,000년간 한반도에서 발생했던 모든 재해 재난의 원인은 '단군 할아버지가 한반도에 터를 잡았기 때문'일 것이다.

2021년 1월 6일 저녁부터 근래에 보기 힘들 정도의 추위와 함께 많은 양의 눈이 내렸다. 말 그대로 폭설이다. 문제는 이미 예측된 폭설이었다는 것이다. 그럼에도 불구하고 다음날인 7일 온 나라가 제설이 안 된 상태에서 출근 대란은 물론 수많은 교통사고도 발생하였다. 마치 국가가 재해 통제 능력을 상실한 것처럼 보인 순간이었다. 국민이 세금을 내고 그 세금으로 월급을 받는 공무원들은 바로 그 때 그 일을 하라고 국민이 임명한 것이다. 선출직 또는 정무직 공무원들은 어깨에 힘을 주고 다니라고, 일반 공무원들은 60세 정년을 채우고 평생 연금을 받으라고 공무원을 시켜 준 것이 아니다. 전라도의 한 곳에서는 제설 약품이 부족하다고 하자 그냥 돌아다니며 제설 작업하는 것처럼 보여주라는 공무원의 강요에 제설 용역업체 직원이 제설차에 불을 지르는 일도 발생하였다. 지금 이 나라는 근본이 무너져버리고 있다.

모든 공무원에게 일본 정부의 초대 내각 안전보장실장을 역임한 사사 아츠유키[佐々淳行]가 집필한 〈평상시의 지휘관 유사사의 지휘관〉이라는 책의 일독을 권한다.

### 한국인은 10%의 이성과 90%의 감성으로 살아가는가?

100여 년 전 윤치호 선생은 '조선인은 10%의 이성과 90%의 감성으로 살아간다'라고 하였다. 사실 그보다 더한 일들은 조선 시대에 비일비재하였다. 그 대표적인 것이 고소 고발이다. 조선은 성리학을 숭배하는 사대부의 나라인 만큼 칼이 아닌 말로써 사람을 죽이는 나라였다. 정적(政敵)을 대상으로 역모의 누명을 씌우고 고변(고발)하는 횟수가 광해군 때만 무려 400회가 되었다고 한다. 가히 조선은 '말(言)과 글(文)로써 본인의 손에 피 한 방울도 안 묻히고 정적 제거의 책임은 왕에게 넘기고 쉽게 정적(政敵)을 제거하던 비겁함의 문화'를 가지고 있었던 것이다.

문제는 고발의 내용이 사실인 것은 중요하지 않았다는 것이다. 오직 그 목적 자체가 정적을 제거하기 위한 수단이었기 때문이다. 이미 언급했던 바와 같이 조선의 법률은 자국(自國) 내 이민족을 다스리는 데 최적화된 중국의 대명률(大明律)에 근간을 두고 만들어졌기에 그 형의 집행 방법이 매우 잔인하고 가혹하였다. 형 집행 방법은 세세히 기술하지 않겠으나 일단 형을 받고 나면 살아도 정상인으로 살기 어려울 정도였다.

그리고 역모의 고변을 받았을 경우 이는 연좌제의 처벌에 해당하는 중대 범죄로서 대상자들에게는 말로만 듣던 '삼족을 멸하는 형벌'을 집행하였다. 대표적으로 반란, 국가 전복 행위 등을 의미하는 모반 대역(謀反大逆)의 경우 그 주모자들은 능지처참하고 그의 가족 중 아버지와 16세 이상 남자는 교수형, 15세 이하 남자, 어머니와 딸, 처와 첩, 할아버지와 손자, 며느리는 모두 공신(功臣)의 집에 노비로 주었다. 쉽게 이야기하여 정적을 죽이고 나면 그 집안의 남자들은 모두 죽이거나 노비로 삼고 여자들은 노비로 부리거나 성 착취의 대상으로 삼았다는 것이다.

지금도 대한민국의 고소 고발 건수 순위는 세계 상위권에 위치하고 있으며 사기 범죄률의 경우 세계 1위 국가라는 오명까지 가지고 있다. 가장 최근의 대검찰청 자료에 따르면 2019년 고소 사건 처리 건수만 무려 63만 3,174건이나 된다.

2021년 1월 'AI 채봇 이루다'의 성희롱 논란이 화제가 되었다. AI 채봇 이루다에게 성적 농담을 하고 이를 커뮤니티에 올린 것을 두고 인간에게 적용되는 성범죄의 처벌까지 여론화된 것이다. 사실 이는 AI 시스템에 대한 무지에서 나오는 해프닝이기도 하다. 전문가들에 따르면 아직까지 AI는 그저 '빅데이터와 딥러닝의 알고리즘'을 기반으로 하는 프로그램에 지나지 않는다.

사실 AI와 로봇에 대한 개념 정립을 위해서는 1942년 아이작 아시모프가 발표한 단편 'Runaround'에서 처음 언급되었던 로봇공학의 3원칙(Three Laws of Robotics)이라는 것을 이해하고 넘어가야 한다. 단편의 일부를 인용해 보도록 하겠다.

"서기 2058년 제56판 로봇공학의 안내서에서 인용된 세 가지 원칙은 다음과 같다. 1) 로봇은 인간에 해를 가하거나, 혹은 행동을 하지 않음으로써 인간에게 해가 가도록 해서는 안 된다. 2) 로봇은 인간이 내리는 명령들에 복종해야만 하며, 단 이러한 명령들이 첫 번째 법칙에 위배될 때에는 예외로 한다. 3) 로봇은 자신의 존재를 보호해야만 하며, 단 그러한 보호가 첫 번째와 두 번째 법칙에 위배될 때에는 예외로 한다."

AI이건 로봇이건 이 3원칙에 근간을 두고 개발되어야 한다. 그리고 AI와 로봇은 인간보다 우선될 수는 없다. 더욱이 아직까지의 AI의 수준은 입력된 데이터에 양에 따라 한정된 답을 제공하는 수준에 불과하다는 것을 명심해야 한다. 현실은 영화와는 사뭇 다르다.

2021년 1월 13일에는 대전의 한 카페 앞에 있던, 애니메이션 겨울왕국의 주인공 '엘사와 올라프처럼 만든 눈사람'을 넘어뜨렸다고 처벌하자는 주장이 공론화되었으며 한 변호사는 인터뷰에서 업무의 경영 저해가 초래되었다며 '영업방해죄'로 처벌이 가능하다는 이야기까지 하였다.

필자 역시 석박사 과정에서 공학과 법을 전공한 법학자 중의 한 명이나 세상은 '법이 아닌 상식이 통용되는 사회'가 우선되어야 한다. 그것이 인간 사는 세상이기 때문이다. 상호간 이해와 배려, 조정(Mediation)과 중재(Arbitration)로도 안 될 경우 사용되는 법(Law)은 최후의 수단인 것이다.

물론 애써서 만들어 놓은 눈사람을 넘어뜨린 것은 잘못된 행위일 수 있다. 그리고 이상한 사람이라고 비난받을 수도 있다. 그러나 딱 거기까지이다. 그 행위를 가지고 여론화하고 처벌을 주장한다면 이는 마치 '의사를 공공재'라고 정의했던 좌파 정치 그룹의 주장처럼 '공공재인 눈(雪)'을 개인이 독점하기 위하여 부당하게 모았으며 월트디즈니 애니메이션 스튜디오의 저작권과 디자인권 등을 무시한 채 허가 없이 임의로 캐릭터를 '불법 복제'하였을 뿐만 아니라, 그 카페에 들어가지 않는 행인이 다녀야 할 인도를 '불법 점유'하고 통행을 방해할 수 있는 '불법 구조물'을 만들었으며 영하 18도 수준의 생명에 위협이 될 수 있는 추운 날씨 속에 외부에 나가 장시간 동안 추위에 노출시킨 채 알바 계약서에는 없는 불법 노동 행위를 지시한 '부당 사업주'인 카페 주인을 '위력에 의한 학대 및 불법 행위'로 강력 처벌해야 하는 것 아닌가? 더 나아가 AI 챗봇 이루다에게 적용했던 것처럼 어린이용 애니메이션의 캐릭터 엘사의 상반신을 원작 이미지보다 더 부각시켜 만든 작업자는 성희롱으로 고소를 해야 하나?

AI 챗봇 이루다의 인권을 이야기하기 전에, 길거리에 있던 눈사람의 권리를 이야기하기 전에, 전체주의에 가까운 과도한 통제 속에서 살아가는 국민과 수많은 기업은 물론 제대로 된 방역 조치는 물론 마스크조차 제대로 부여받지 못했던 서울 동부구치소의 수감자들을 생각해보자. 그들의 인권은 누가 책임지는가? 도대체, 지금 이 나라는 어디를 향해 가는가?

**키워드**

- 정치인과 공무원의 책임은 무한하다
- AI 챗봇과 눈사람이 구치소 재소자 인권보다 중요한가?
- 페미니즘에 의해 무너져가는 성 정체성

# 언더 도그마,
# 그 불편한 진실

## 약한 자는 모두 선(善)한가?

'언더 도그마(Under Dogma)'란 단순히 이해당사자(Stakeholder) 간의 힘의 차이만으로 선(善)과 악(惡)을 판단하려는 것을 말하며 이를 근거로 '약자는 무조건 선하고 강자는 반드시 악하다'라고 인식하는 현상을 말한다. 그렇다면 과연 모든 약자는 그 말처럼 모두 선한가?

언더 도그마에 있어서 우리가 경계해야 하는 것은, 이성이 아닌 감성에 치우침으로써 오랜 세월 동안 인류가 만들어 낸 도덕적 규범을 송두리째 무시할 뿐만 아니라 오직 프로파간다를 통해 다수 민중의 충동을 자극하고 여론을 조성하여 헌법과 법률을 무시하는 속칭 '떼법'을 만들어 국가 운영을 '중우정치(衆愚政治)'로 만들어 버린다는 점이다. 바로 이것이 좌파 정치 그룹의 무분별한 포퓰리즘(Populism, 대중주의)에 취해 망가져버린 우리 대한민국 사회의 가장 큰 병폐인 것이다.

과거 민족 계몽에 앞장을 섰던 윤치호 선생조차 "우리는 더 강한 자가 더 약한 자보다 도덕 및 종교와 정치 등에서 거의 항상 더 낫거나 덜 부패한 것을 발견한다"라는 말을 남겼다. 무려 100여 년 전에 한 말이다. 제2차 세계대전 당시 독일의 선전장관이었던 괴벨스는 "민주주의는 철천지원수에게 자신을 파멸시킬 방법을 손수 알려주었다"라고 강조한 바 있다.

작금의 대한민국을 살펴보자. 스스로 정치적 약자임을 주장하고 사회적 약자를 대변하겠다며 전 대통령을 탄핵하여 구치소에 감금한 이후 5년이라는 긴 시간 동안 외교, 안보, 경제, 사회, 문화 전반에 걸쳐 그들이 저지르고 있는 행위들은 과연 약자를 보호하며 정당하고 옳은 것들로 채워져 있는가? 사실은 그와는 정반대의 모습을 보이고 있다.

성추행 전문 인권 변호사라는 것을 앞세워 서울시장까지 올라갔다 자살한 박원순 전 시장의 민낯은 바로 그가 보호해야 할 부하 직원이자 여성을 성추행한 범죄자였다는 것이다. 2021년 1월 26일에는 사회적 약자를 적극 대변하겠다던 정의당의 김종철 대표 역시 같은 당의 여성 의원을 성추행한 범죄자로 밝혀졌다.

더욱이 서울시장의 성추행에 대해서는 아무 말도 하지 않다가 자신들과 정치 노선이 다른 정의당 대표의 성추행에 대해서는 집중 공격하는 더불어민주당의 이중적 태도를 우리 국민은 직접 목도하고 있다. 시쳇말로 '선택적 정의, 선택적 침묵'이라는 말까지 나오고 있는 것이 대한민국의 현실이 아닌가?

## 단순 사고를 사건으로 왜곡하고 이를 정치적으로 악용한다

2021년 1월 22일에는 서울 청와대 분수대 앞에서 "세월호 사고 조사 특수단 수사 결과 규탄 및 문 정부 책임과 역할을 촉구한다"라며 유가족 단체 소속 인원들이 삭발식을 하였다. 유가족들은 "국민의 염원을 저버린 검찰 특수단을 규탄하지 않을 수 없으며, 검찰 개혁이 왜 필요한지를 검찰 스스로 드러냈다"라고 주장하였다.

참으로 웃지도 못할 일이다. 이 삭발식에서 왜 '검찰 개혁 주장'이 나오는 가? 이는 처음부터 좌파 정치 그룹이 주동하여 해상 사고를 수습이 아닌 오 직 정치 공작 차원에서 악용하였으며 지금도 정치적으로 이용하겠다는 속 셈을 그대로 보여주고 있는 것에 불과하였다.

더욱이 문재인 정부는 세월호 해상 사고를 빌미로 성립된 정부가 아닌가? 그렇다면 문재인 정부는 사고 진실을 규명한 것인가? 아니면 아직까지 규명 하지 않고 있는가? 또한 4년 간의 특수단 수사 결과가 사실이라면 애당초 '해상 교통 사고'였다는 것 이외에 다른 것은 없는 것이 아닌가?

냉철하게 세월호 해상 사고를 바라보면 이는 지난 2002년 6월 13일 발생 했던 미군 장갑차의 여중생 교통사고, 속칭 '효순이 미선이 사건'처럼 '명백한 교통 사고'였다. 교통사고를 마치 미군이 고의적으로 일으킨 사건처럼 진실 을 왜곡하고 선동했던 것처럼 좌파 정치 그룹은 언제나 단순 사고를 큰 사건 으로 변질시키고 이를 정치적 도구로 악용한다. 세월호 사고를 키운 것도 전 형적인 좌파 정치 그룹의 공작 패턴과 일치한다.

효순이 미선이 사고 발생 16일 후인 2002년 6월 29일 서해에서 북한군의 기급 공격으로 참수리 357호가 침몰하고 지휘관인 윤영하 소령 등 여섯 명 이 전사하는 사건인 '제2차 연평해전'이 일어났다. 그러나 당시 김대중 정부 는 월드컵 열기 속에, 북한을 규탄하거나 전사한 이들에 대한 추모하는 행 사조차 애써 지우려고 하였다. 제2 연평해전은 그들에게 도움이 안 되었기 때문이다.

오직 정치적 목적만을 위해 사실을 왜곡하고 선동하는 좌파 정치 그룹은 세월호 해상 사고 직후 박근혜 전 대통령의 합성 누드 사진까지 퍼트리고 일 곱 시간 불륜설을 유포하면서 대통령을 떠나 '한 여성의 인격 자체'를 처참하게 짓밟아버렸다. 그들의 반인륜적이며 파렴치한 행위들은 과연 정당화될 수 있는가? 그 수많은 여성 인권 단체는 도대체 어디로 간 것인가?

왜 이 나라에서는 이성이 아닌 감성에 치우치고 논리성보다는 패거리 주장에 더 힘이 실리는 것인가? 세월호 사건은 단순한 해상 사고였을 뿐이다. 결국 지금 그들을 앞세워 만들어진 정권조차 그들을 외면하고 있지 아니한가? 사건 직후 수학여행을 감독했던 단원고 교감은 책임감에 자살하였으며 해양경찰청은 해체되었고 해군참모총장은 세월호 구조 차질로 엮인 통영함 납품 비리로 구속되기도 하였다. 대통령은 이를 계기로 탄핵되고 함께 일했던 많은 공무원과 함께 구속되었다.

아직까지 진상 규명을 주장하는 유가족 단체에 남은 진실은, 부모로서 자신의 자식들을 보호하지 못한 책임을 모두 타인에게 전가하여 최소한의 책임조차 회피하려는 방어기제(Defense Mechanism)의 소산물에 불과하다는 것이다. 이제 그들은 좌파 그룹에게서는 활용 가치가 없어졌다. 그러나 그동안 우리 선량한 국민은 유가족들이 생각하는 것보다 더 많이 슬퍼하고 그들에게 깊은 관심과 배려를 베풀어 주었다. 그들의 외침은 더 이상 타당성 없는 공허한 메아리가 될 뿐이라는 것이다. 그리고 이제 국민도 지쳤다.

### 베네수엘라는 왜 최빈국으로 전락하였는가?

베네수엘라는 원유 매장량 세계 1위의 국가로, 경제력이 한때 전 세계 상위권에 있던 말 그대로 부자 나라였다. 그러나 베네수엘라의 2019년 기준 물가상승률은 누구도 상상할 수 없던 무려 '9,585%'까지 치솟았다. 지금 현재 총 인구의 94%, 즉 거의 모든 국민이 빈곤 상태에 처해 있으며 이들 중 76.3%는 하루하루 식사조차 못하는 실정이라고 전해진다.

도대체 무엇이 산유국 베네수엘라를 이 지경으로 만들었는가? 그 원인은 다름 아닌 반미(反美)를 주장하고 약자를 대변한다는 좌파 선동으로 정권을 유지하던 차베스 정권의 무분별한 현금 살포, 과도한 복지, 무상 교육, 토지 공개념, 반시장주의 등에서 찾을 수 있다. 자유시장 경제 시스템을 붕괴시킴으로서 촉발되었다는 것이 전문가들의 공통된 의견이다.

짚고 넘어가야 할 문제는 베네수엘라를 망국으로 이끈 정책들이 문재인 정부에서 추진한 그 모든 것과 100% 싱크로율을 가진다는 점이다. 최근 자영업 손실 보장제를 주장하며 부족한 재원 마련을 위해 정부가 적자 국채를 발행하면 한국은행이 이를 모두 인수하는 방안까지 제시하고 있다. 좌파가 집권한 베네수엘라와 대한민국의 또 다른 공통점은 국제 외교 관계 및 관례를 철저히 무시하고 광신적 추종자들을 선동하여 전형적인 쇼비니즘(Chauvinism) 즉 폐쇄주의(閉鎖主義)를 주도하였다는 것이다.

더욱이 이러한 쇼비니즘적 정치 행태의 문제는 그들의 주장과 다른 이론을 제시하거나 진실을 이야기하면 '매국노'라는 프레임을 씌워 대상자를 집단 린치(Lynch)를 가한다는 사실이다. 정부가 앞장서서 반일 여론을 조성하고 자신들의 정치 노선과 다르면 무조건 '친일파' 또는 '토착 왜구'라는 단어를 사용하여 집단적으로 공격한 것이 그 대표적 사회 현상이다.

앞서 논한 언더 도그마와 더불어 한국 사회에서 진행되는 심각한 사회 현상은 다음의 두 가지 특징을 가지고 있다. 첫 번째는 '생존자 편향의 오류(Survivorship Bias)'이며 두 번째는 '성급한 일반화의 오류(Hasty Generalization)'이다. 생존자 편향의 오류란 대략 이런 것이다. 제2차 세계대전 당시 전투 후 복귀한 전투기의 날개와 꼬리의 피격 상태를 보고 그 부분을 보강하려 하자 이를 분석한 연구원은 피격이 안 된 동체 부분을 보강하자고 하였다고 한다. 그의 논리는 명확하였다. 똑같이 피격을 받았을 텐데 살아 돌아오지 못한 전투기들은 동체에 집중적으로 피격을 받았을 것이라는 과학적 추론이다. 성급한 일반화의 오류란 쉽게 말해 몇 가지의 단편적 사례나 경험을 가지고 전체적으로 단정 짓는 것을 말한다.

우리 국민도 눈에 보이는 것만으로 이해하려고 한다거나 그 진실에 대해서는 알아보지도 않고 오직 단편적 지식과 편협한 생각만으로 모든 것을 재단하려는 것을 경계하여야 한다. 그래야만 진실을 왜곡하고 악용하는 세력의 농간에서 벗어나 자유를 찾을 수 있을 것이다.

**키워드**
- 현실은 강자가 약자보다 도덕과 정치에서 항상 더 낫거나 덜 부패한 것을 발견
- 지금 우리 대한민국 사회의 가장 큰 병폐는 중우정치(衆愚政治)
- 단편적 지식과 편협한 생각이 아닌 진실을 알리는 노력이 필요

# 자유주의는 민주주의보다
# 더 귀한 가치를 지닌다

## 민주주의는 자유주의를 위한 수단일 뿐이다

현대 사회를 살아가는 많은 사람이 민주주의와 자유주의를 혼동한다. 아니 대부분이 같은 의미라 생각할 수도 있다. 그러나 이 둘 사이에는 극명한 차이가 있다. 하나는 목적이 될 수 있으나 다른 하나는 수단에 불과하다는 것이다. 그리고 이 혼동으로 인해 다수의 국민이 권리와 의무를 헷갈려한다. 국민을 위해 일해야 하는 공무원들조차 이 근본적 차이를 이해하지 못하여 민주주의라는 허상 속에서 개인의 자유를 속박하는 전체주의적, 사회주의적 정책을 만들어 내곤 한다.

최초의 민주주의는 그리스 아테네의 '입법권과 행정권에 대한 시민 투표'로부터 기원하는 것으로 익히 알고 있다. 그리고 이러한 시민의 참정권이 공화정의 기본이라고 생각하기도 한다. 그러나 그리스의 시민 투표에는 중요한 문제점이 있었다. 무엇일까? 바로 '여성과 노예에게는 참정권은 없었다'라는 점이다. 실제로 아테네 인구 25만 명 중 참정권을 가진 인구는 20%가 채 안 되는 4만여 명에 불과했다.

여기에서 자유주의와 민주주의의 '극명한 차이'를 확인할 수 있다. 그것은 바로 인간으로서 존엄성을 가진 모든 국민에 대해 자유를 보장하는 것이 다수결 원칙의 선거라는 형식적 틀에 얽매인 민주주의보다 '더 고귀한 가치'라는 것이다. 그렇다. 민주주의는 그저 '자유주의의 하위 개념'이며 자유주의를 보장하기 위한 수단일 뿐이다. 절대적인 봉건주의적 공산주의를 76년째 유지하고 있는 북한조차 공식 국명(國名)에 민주주의를 넣어 '조선민주주의인민공화국'이라고 하고 있지 아니한가?

결코 수단이 목적이 될 수는 없다. 그러나 대한민국의 좌파 정치 그룹들은 국민을 대상으로 '수단을 목적으로 혼동'하게 하고 이를 이용하여 그들의 목적을 달성하고자 한다. 자유주의는 민주주의로 인해 무너질 수 있는가? 자유주의를 전제 조건으로 하지 않는 민주주의는 히틀러의 나치즘, 레닌의 공산주의처럼 선동에 의해 쉽게 변질될 수밖에 없다는 것은 역사를 통해 무수히 보지 않았는가? 그러하기에 국민은 개인의 자유를 보장받기 위해 민주주의 절차에 따라 대통령, 국회의원 등 선출직 공무원들을 선발했으며 선출직 공무원들을 뒷받침하는 공무원들도 반드시 대통령보다 상위에 있는 국민을 보호하기 위해 일해야만 한다.

## 자유민주주의 수호와 보안 규정 준수는 공무원 업무의 기본

2021년 '대통령의 판문점 USB 전달 사건'과 함께 감사원 감사로 밝혀진 '산업부의 북한 원전(原電) 건설 계획 사건'이 전 세계적인 핫 이슈로 자리매김하였다. 이 두 가지 사안은 서로 엮을 수도, 따로 해석할 수도 있다. 다만 아직까지 USB의 내용이 명확히 밝혀지지 않은 만큼 섣불리 연결시키기보다는 객관성을 유지하기 위하여 별개의 사건으로 전제하도록 하겠다.

일단 아주 쉽게 생각해 보자. 한 기업의 주요 내부 문서가 경쟁 업체에 전달된 사건이 적발되었다. 그것도 직원이 아닌 기업의 대표가 직접 경쟁 업체에 전달했다고 가정해 보자. 그 행위는 상식 선에서 회사를 넘기려는 행위로밖에 보이지 않는다.

공공기관의 경우도 마찬가지이다. 특히 공문서는 당초 대외 공개 문건으로 작성하였거나, 정식 보안 규정 절차에 따라 공개 허가가 있기 전에는 모두 대외비에 준하여 관리하는 것을 원칙으로 한다. 또한 국가 기밀이란 보안 업무 시행 규칙에 따라 그 중요도에 따라 대외비, 3급 비밀(confidential), 2급 비밀(secret), 1급 비밀(Top secret)로 차등 구분한다. 그리고 정상적 비밀 이관 절차에 의거하지 않았을 경우 그 행위를 '보안 위반'이라고 한다. 보안 규정을 지키는 것은 공직자가 지켜야 할 기본 소양이며 원칙이다.

대통령은 국가 1급 기밀에 쉽게 접근할 수 있으며 또한 각 부처로부터 기밀을 보고 받는 '정무직 공무원'이다. 그 직책의 중요도를 고려 시 국가 정책을 담은 USB를 비공식적으로 적성국에 전달하였다는 것은 그 내용이 무엇이든지 그리고 비밀 표시가 없다손 치더라도 '종합된 기밀 가능성'이 높으므로 그 자체로도 '보안 위반'에 해당한다.

더욱이 남북 간에는 실무자급 회담, 장관급 회담 등 정상적인 외교 협상 채널이 존재하는 만큼 법규에 따라 공식적 절차를 통해 의견을 조율하며 조약(Treaty) 등의 행위가 필요할 경우 국회 승인을 받도록 법제화되어 있다. 대한민국은 법치주의 국가이기 때문이다. 이러한 일련의 절차를 무시하고 은밀히 자료를 넘겼다는 것은 그 내용이 무엇이든지 간에 대한민국 헌법에 정면 위배하는 행위가 아닐 수 없다.

## 우리는 지금 공무원들의 국가 반역 행위를 지켜보고 있다

과거 일본제국은 중일 전쟁 수행 및 지하지원 매장량 등을 고려하여 북쪽 지역에 공업 단지 및 발전소를 건설하였고 남쪽 지역은 호남평야를 주축으로 식량 생산에 집중하였다. 해방 이후에도 북한에서 전력을 공급받는 기현상이 지속되었다. 이로 인해 북한에서 송전을 중단할 경우 대한민국에는 엄청난 피해가 발생하였다.

이 때문에 이승만 대통령은 안전하고 지속적인 전력 공급이 가능한 전력 생산 방안이 모색하였고 에디슨 전력회사 회장을 역임했던 시슬러(Walker L.Cisler)의 조언을 받아 1956년에 문교부 기술교육국에 원자력과를 신설하였다. 이것이 대한민국 원자력 발전의 시작이다. 이후 박정희 대통령의 경제 발전 정책으로 산업 단지 및 발전소가 집중 육성되면서 북한보다 뒤처져 있던 경제가 급속도로 발전하여 지금의 대한민국에 이르게 되었다.

그런데 지금 '판도라'라는 영화를 예로 들며 원전이 위험하다고 원전 폐쇄를 주장하고 있는 좌파 정치 그룹이 오히려 북한에 제공할 원전 건설 계획을 수립하였다는 것 자체가 어불성설이 아닌가? 이를 두고 올리 하이노넨 전 IAEA 사무차장조차 "한국 정부가 원자력 발전 중단을 결심한 상황에서 어떻게 북한에 원전을 짓는 계획을 정당화할 수 있겠느냐?"라며 있을 수 없는 일이라고 강조한 바 있다.

특히 현재 논란이 되고 있는 '산업부의 보고서'를 자세히 살펴보면 모두가 놓치고 있는 사실들이 발견된다. 이 문건 서두(書頭) 박스 안에 「동 보고서는 향후 북한 지역에 원전 건설을 추진할 경우 가능한 대안에 대한 내부 검토 자료이며, 정부의 공식 입장이 아님」이라고 명시하고 있다. 이 박스가 언제 추가된 것인지도 모를 일이지만 이 박스를 근거로 청와대를 비롯한 여권 인사들은 산업부의 내부 자료임을 주장하고 있다.

그러나 공무원 조직의 특성상 명령과 지시가 없이는 이와 같은 민감한 내용을 담당자가 자발적으로 기획할 리가 만무하다. 즉 '신내림을 받았다던 일개 4급 공무원'이 임의로 할 수 있는 범주의 일도 아니라는 것이다. 이 문건 제1항에서는 '(중략) 남한의 관련 부처가 참여하는 TF로 구성'이라는 문구가 나온다. 그런데 기존 자료를 그대로 정리했을 '참고 도표' 안에서는 KEDO 기구 집행이사회의 조직 구성은 '한국, 미국, 일본, EU'이라고 표기되어 있다. '남한'이라는 용어는 대한민국(한국)의 공식 용어가 아니라 북한에서 주로 사용하는 단어이며 불과 두 줄의 문장만 분석해 보아도 분명히 '북한에 제공하는 것을 전제로 작성되었다'라는 것을 기안자가 부지불식간에 노출하고 있다.

더욱 가관은 2쪽부터이다. 'OPR1000' 또는 'APR1400' 노(爐)형 건설이 타당하다고 평가하면서 사용 후 '핵 연료 처리 방법'에 있어 어처구니없이 대한민국 영토 내에 '방폐장(방사능 물질 폐기장)' 건설을 전제하고 있다는 점이다. 그리고 미국 등 주변국의 반대로 북한 내 건설이 어려울 경우 '중단된 신한울 3, 4호 원전' 공사를 재개하여 북한으로 연결되는 전력 공급망을 구축하겠다는 것이다.

쉽게 이야기하여 북한 KEDO 부지(함경북도 금호 지구) 내 원전을 건설(1안)하든 DMZ 내 건설(2안) 혹은 신한울 원전 건설을 재개(3안)하든지 북한에 원전을 건설해주고 방폐장은 모두 우리 대한민국 영토 안에 건설하겠다는 것이다. 이것이 상식적으로 이해가 되는 일들인가?

또한 함경북도 금호 지구는 북한이 최근 신형 잠수함을 개발하는 신포조선소와도 근접한 곳이다. 다시 말해 대한민국을 위협하는 북한의 신형 무기 개발 군수 공장의 향후 주 전력원으로 원자력이 사용될 수 있다는 것을 암묵적으로 동의하고 있는 것이다. 북한이 1950년 6·25전쟁을 도발하여 아직

까지 휴전 상태가 지속되고 있다는 것을 망각한 것인가? 아니면 대한민국이

라는 나라는 그들의 안중에 없다는 것인가?

**키워드**
- 자유주의는 목적이며 민주주의는 수단이다.
- 선동에 의한 민주주의는 결국 전체주의, 사회주의로 변질
- 북한을 위해 원전을 짓고 정작 방폐장은 우리 땅에 짓자는 공무원들

# 염치는 사라지고
# 완장이 판치는 시대

## 염치를 잃어버린 공무원, 거짓이 난무하는 공직 사회

염치(廉恥)란 사전적 의미로 '체면을 차릴 줄 알며 부끄러움을 아는 마음'을 말한다. 우리는 염치가 없는 사람들을 '파렴치한(破廉恥漢)'이라고 부른다. 이때 말하는 체면이란 단순히 겉으로 보이는 모습이 아닌 자신의 사회적 위치에서 갖추어야 할 기본적 소양을 지킨다는 것을 의미한다. 그런데 과연 이 나라의 국회의원, 법관, 장관 등 입법, 사법, 행정부의 정무직 포함 모든 공무원은 그들의 자리에서 지켜야 할 최소한 염치를 알고 지키고 있는가?

코로나 팬데믹이라는 전대미문의 크나큰 재앙 속에서도 온 국민은 어렵게 얻은 수입의 일부분을 세금이라는 형태로 모아 그들에게 월급으로 지급하였다. 그러기에 모든 공무원은 일반 사기업의 직장인과는 다르게 반드시 국민에게 충성하고 국민을 위한 일만 해야 한다. 지금과 같은 시기에는 더욱 그러하다.

과거 봉건주의 국가에서의 공직자들은 오직 국왕만을 위해 일을 하였다. '왕이 곧 국가'이었기 때문이다. 그러나 자유주의를 열망하는 시대적 요구에 따라 봉건주의가 무너지는 한편 세계 각 지역의 식민지가 해방되고 자유민주주의가 거의 모든 국가의 기본적 운영 시스템으로 정착하게 된 것이다.

근대 민주주의 시작이라는 프랑스의 예를 들어 보자. 절대적 봉건주의 국가에서 시민들이 봉기하여 왕과 왕비를 기요틴(Guillotine, 단두대)에서 처형하였다. 그러나 왕과 귀족의 영토를 빼앗은 힘 있는 시민들이 남과 나누지 않고 자기 자식들에게 그 권력과 땅을 물려주고 싶어 하면서 또다시 큰 혼란이 왔다. 부르주아의 탄생이기도 하였다. 이로 인해 위기 의식을 느낀 주변 봉건주의 국가들의 압박이 심해지자 그들은 강력한 통치자가 나타나기를 희망하였고 이때 나타난 인물이 바로 '나폴레옹 보나파르트(1769~1821년)'이다. 그는 시민들에게 추대되어 제국의 황제가 되었다. 그리고 다시 몰락하였다.

기나긴 역사의 흐름을 살펴보면 인간의 탐욕과 이기심은 한 번도 변함이 없었다. 어떠한 계가가 되면 기존 지배자의 권력을 빼앗아 자신이 또다시 권력자가 되려는 행위가 끊임 없이 반복되었을 뿐이다. 수년 전 최순실 사건과 세월호 해상 교통 사고를 빌미로 국민을 선동하여 권력을 찬탈한 그들, 좌파 정치 그룹들의 행태는 그들이 그토록 비난하였던 전 정부의 문제점을 뛰어넘었으며 '지금까지 한 번도 경험해 보지 못한 나라'로 우리 국민을 이끌고 있다.

'완장'이라는 유명한 소설(1983년, 윤흥길)이 있다. 내용을 간략히 소개하면 사업가인 최 사장이 전라북도의 농촌 이곡리 저수지 사용권을 얻게 되자 임종술에게 그 관리를 맡기고 완장을 채워준다. 동네 건달에 불과하던 종술은 완장에 취한 나머지 과도한 권력을 행사하다가 결국 자리에서 쫓겨나게 된다. 종술의 어머니는 그가 완장을 차고 설치는 모습을 보고 '6·25전쟁 때의 공산주의자들의 붉은 완장'을 떠올리며 몸서리친다.

지금 정부를 이끌고 있는 좌파 정치 그룹과 그들의 추종 세력은 모두가 하나같이 완장을 찬 종술처럼 안하무인으로 활개를 치고 거짓말을 일삼으며 권력을 휘두르고 있다.

'원전 산업 폐기를 위한 정부의 거짓말'은 대한민국의 핫 이슈이다. 채희봉 전 비서관이 에너지실장에게 '월성 1호기 경제성을 낮추라고 지시'한 사실까지 밝혀졌다. 이는 청와대가 직접 개입한 정황을 검찰이 확보했다는 것을 의미한다. 그리고 만일 수사 중인 검찰의 손을 떠나게 된다면 그들이 만들어 놓은 공수처의 시험대가 될 것이다.

2021년 2월 16일 온 언론과 국민들은 법원 보안관리대 소속 6급 공무원이 법원 내부망에 올린 글로 인해 하루 종일 뜨거웠다. 그 직원은 '최악의 대법원장, 그리고 실종 선고된 양심과 썩은 정의'라는 문구로 일련의 사태를 정의하였다. 무엇이 우리 대한민국의 사법부를 이토록 혼란에 빠뜨렸으며 자유민주주의 표상인 입법, 사법, 행정이라는 삼권 분립의 원칙을 송두리째 무너뜨렸단 말인가? 그리고 무엇보다도 그들이 지향하는 가치관이 이토록 철저하게 대한민국의 시스템을 붕괴시킬 만한 가치가 있었는가?

왜 검찰과 사법부에 있어 이러한 파렴치한 행태가 집중적으로 지속되고 있는가? 그것은 다름 아닌 이미 국정원과 기무사를 무력화하고 행정부와 입법부를 장악하였기에 이제 남은 곳은 오직 검찰과 사법부라는 계산에 의한 것이다. 그나마 대한민국 최고 엘리트들인 검사, 판사들의 자유민주주의 수호에 대한 결의와 법치주의 유지에 대한 숭고한 정신이 없었다면 이미 사법부는 무너지고 '중국 공산당을 사대하는 종북 좌파'의 놀이터로 변해버렸을 것이다. 지금 대한민국의 검찰과 사법부는 대한민국의 자유민주주의를 지키는 마지노선이다.

## 공산주의와 주체사상의 탄생, 이데올로기가 아닌 사이비 종교

자유민주주의를 수호하기 위해서는 공산주의의 '실체적 진실'을 파악해야 한다. 사실 좌파 정치 그룹의 지향점인 공산주의의 탄생 과정을 알아보면 그들이 왜 자본주의뿐만 아니라 개신교를 계속 오염시키고 핍박하며 적(敵)으로 여기는지 잘 알 수 있다. 당초 마르크스가 만든 공산주의는 처음부터 철저하게 반(反)개신교로 출발하였기 때문이다.

마르크스는 유대인으로 회계사이자 개신교 목사였던 아버지 하인리히 마르크스와 네덜란드 귀족 출신 어머니의 아들로 태어났다. 가정 형편은 풍족하나 엄격한 분위기 속에 자라면서 마르크스는 오히려 삐뚤어지기 시작했다. 어릴 적부터 찬송가를 거꾸로 부르는 등 기행을 보이는 등 반개신교 및 반자본주의 가치관을 가지고 성장했다. 지난 1세기 동안 수천만 명의 목숨을 앗아가고 전 세계 인류를 '악의 구렁텅이'로 떨어지게 만든 공산주의의 시작은 어처구니없게도 한 유대인 목사 아버지와 반항아 아들의 갈등으로부터 시작된 것이다.

그리고 지금 종북 좌파들이 장악한 출판계에서는 '막시즘', '마르크스주의'를 표기가 어려운 '맑시즘', '맑스주의'라 표기하고 이를 대중화해왔다. 오랜 시간 동안 대중의 잠재의식 속에 '마르크스주의는 맑다'라는 이미지를 주입하고 있었다는 것이다. 이는 언어(용어) 선점을 통한 프로파간다의 세뇌 과정이며 '우리, 민족, 자주, 민주' 등 핵심 키워드를 좌파들의 용어로 선점한 것과도 동일한 선상의 지능적인 프로파간다라고 볼 수 있다.

한 여인이 아버지가 없는 아이를 지린[吉林]에서 상하이[上海] 임시정부 의정원 의장을 지낸 손정도 목사에게 맡긴다. 손 목사는 그를 친아들처럼 키웠으나 그는 오히려 서서히 삐뚤어지기 시작했고 결국은 공산주의에 푹 빠지게 된다. 그 아이가 바로 조선민주주의인민공화국을 만들고 6·25전쟁을 일으킨 장본인 김일성이다.

청소년 시절까지 손정도 목사의 양아들로 성장한 김일성은 어릴 적 교육받은 손정도 목사의 영향과 공산주의 학습의 영향으로 공산주의의 아류작인 주체사상을 만들어 낸다. 김일성이 솔방울로 수류탄과 쌀을 만들고 가랑잎을 타고 대동강을 건넜다는 등의 기적은 예수님의 '오병이어(五餅二漁)의 기적' 등을 직접 차용한 것이다. 결국 공산주의와 북한의 주체사상은 이데올로기가 아닌 사이비 종교에 가깝다는 것이다.

여기에서 흥미로운 가족사를 하나 소개한다. 김일성을 키웠던 손정도 목사의 첫째 아들이 해군을 창설한 손원일 제독으로, 그는 초대 해군참모총장과 국방부 장관을 역임하였다. 어떻게 보면 6·25전쟁은 손정도 목사의 첫째 아들 손원일 해군참모총장과 의붓아들 김일성 조선인민군 총사령관의 전쟁이었다고 볼 수도 있다. 한반도의 근현대사는 이처럼 아이러니한 상황이 곳곳에서 연출되었다.

## 6·25전쟁 기간 공산주의자들에 의한 민간인 최대 피해 지역은 어디일까?

지금도 6·25전쟁의 전범인 중국, 북한만을 생각하는 좌파 정치 그룹에게 이용당하는 가엾은 지역과 국민들이 있다. 소설 〈태백산맥〉을 읽고 이를 인지하는 형태는 극명하게 나뉜다. 전라도 지역이 대한민국 정부에 의해 박해를 받았다고 믿는 관점과 그 희생을 공산당과 빨치산의 잔학무도한 만행으로 기억하는 시각이다. 과연 무엇인 진실일까? 역사의 진실로 들어가 보자.

대한민국 통계연감(1953년, 212~213쪽)의 내무부 통계 자료를 보면 6·25전쟁 기간 중 민간인 피해자는 총 99만 명에 이르며 이중 피해는 '전라도 지역에 집중'되었다. 전남에서 '학살'된 인원은 제일 많아 그 숫자가 6만 9,787명, 전북 1만 4,216명에 이른다. 전라도 지역에서 학살당한 국민은 8만 4,003

명이며 이들 모두 공산주의자들의 '인민재판'을 통해 학살당했다. 이외 행불자 6만 8,078명 등을 포함 무려 28만 5,649명으로 당시 피해자의 대부분을 차지한다.

역사의 진실을 안다는 것은 올바른 현실 감각을 가지게 하는 것이며 개인과 국가의 발전적 미래를 만들어갈 수 있는 토대가 된다. 누가 왜 역사를 왜곡하고 숨기는가? 그들의 목적은 무엇인가?

**키워드**

- 공무원은 반드시 국민에게 충성하고 국민을 위한 일만 해야 한다.
- 공산주의와 주체사상은 사이비 종교와 유사
- 6·25전쟁 중 민간인 최대 피해 지역은 전라도, 무려 8만 4,003명이 인민재판에 의해 학살

# 국가 미래를 위한
# 외교 안보 정책의 재정비

# 전통적 안보 개념의 변화와
# 국가 안보 패러다임의 급격한 변화

1950년 전 세계적으로 유명한 일본의 구로사와 아키라 감독이 제작하고 미후네 도시로가 주연한 '라쇼몽[羅生門]'이라는 영화가 있다. 대략적인 줄거리는 이러하다. 아리따운 부인 마사코를 말에 태우고 산길을 지나가던 사무라이 타케히로가 악명 높은 산적 타조마루(미후네 도시로)를 만난 후 돌연 사망하는 사건이 발생한다. 그리고 이 사건을 목격한 나무꾼이 있다. 마사코, 타조마루, 나무꾼은 마을을 다스리는 관리 앞에서 범인을 색출하기 위한 취조를 받게 된다.

악명 높은 산적이 용의자인 만큼 쉽게 범인이 밝혀질 것이라 생각했으나 뜻하지 않는 문제가 발생한다. 각자의 진술이 상이한 것이었다. 산적에게 순결을 빼앗기고 기절한 후 정신을 차리니 남편은 이미 죽어 있었고 본인은 자살을 시도했으나 실패하고 근처 절로 도망갔다는 부인 마사코, 자신에게 의미심장한 눈빛을 보내며 호감을 보이는 마사코를 데려가기 위해 사무라이와 정정당당한 결투를 하여 승리하였으나 그 사이에 마사코가 없어졌다고 말하는 산적 타조마루, 애당초 사무라이와 산적은 대결하지 않으려고 했는데 마사코가 두 남자 사이에서 싸움을 부추기어 마지못해 두 사나이가 대결을 하였으나 멋진 결투가 아니라 개싸움 같았다는 나무꾼. 이들의 진술이 엇갈

리자 난감해진 관리는 무당을 불러 죽은 사무라이의 영혼을 불러낸다. 무당의 입을 빌린 사무라이는 자신의 아내가 산적과 눈이 맞아 자신을 배신했으나 부인을 용서하고 사무라이로서 명예롭게 스스로 자결하였고 주장한다.

사무라이의 죽음은 타살인가? 자살인가? 이 불후의 명작이 남긴 교훈은 '인간은 진실이 아닌 사실을 각색하며 기억하고 싶은 대로 기억하고 그것을 합리화 시킨다'라는 것이다. 이를 심리학 용어로 '라쇼몽 효과'라고도 한다.

지금 대한민국에서 주도권을 가진 좌파 정치 그룹의 사고 체계가 라쇼몽 효과의 그것과 일맥상통한다. 건국 이래 국민 한 사람 한 사람이 노력하고 희생하여 이루어 온 모든 업적을 폄훼하고 온갖 분야에서 국론을 분열하고 있다. 그들은 역사를, 사회를, 경제를, 안보를 오직 그들 세력의 이익만을 위해 만들어 낸 허상을 토대로 사실로 만들어내고 있다. 또 그것을 국민에 강요하며 세뇌시키고 있다.

국가의 존속과 직결되는 대한민국의 안보는 어디에서부터 출발하고 어디로 가야 하는가? 이미 국제 관계와 국제 정세에 문외한인 좌파 정치 그룹에게 대한민국과 우리 국민의 미래를 맡겨 놓을 수 없는 지경에 봉착해 있는지도 모른다. 무엇이 잘못되었고 무엇을 바꾸어야 하는가?

지구상에서 인류는 수없이 많은 전쟁을 경험하였다. 인류에게 있어 전쟁은 영토의 확장과 물적·인적 자원 확보는 물론 주변국 및 국제 사회에서의 권력·정치·경제적 우위를 달성하기 위한 패권 경쟁의 도구로 적극 활용되었다. 그리고 이러한 물리적 군사 행위는 그동안 전통적 국가 안보를 뜻하는 국방이라는 틀에서의 당사국 정규군 간의 군사적 충돌로 한정되었다.

그러나 1972년 9월 발생한 뮌헨 올림픽 참사(Munich Massacre)를 시작으로 본격화한 테러리즘은 국경선을 지키는 국토 방위라는 전통적 안보 개념을 뛰어넘는다. 시공간적 전선(戰線)의 불확실성을 통해 그 대상 범위의 다양성과 위협성을 여실히 보여주었다.

특히 지난 2001년 미국 본토 한복판에서 발생한 9·11 테러에서 볼 수 있듯이 군인들이 지키는 전선이 아닌 무방비 상태의 도시 한복판에서 대규모의 인명과 시설 피해가 발생함에 따라 개인 생활의 영역까지 직접적으로 영향받게 되었다. 다시 말해 비전투 요원인 국민들까지 직접적 위험에 노출되었다는 것이다.

사실 전통적 전쟁의 형태에서는 재래식 무기를 사용하는 국지전과 함께 대륙간 탄도 미사일(ICBM), 핵 공격 등 대규모, 원거리 공격 행위들조차 국민 개개인이 직접 눈으로 확인할 수 있었다. 그런 점에서 전쟁을 누가 시작하였든 적의 공격을 받은 국가는 국민을 정치·사상적으로 단합시키는 한편 역설적으로는 정부의 권한을 강화시킬 수 기회를 제공받을 수도 있었다. 그러한 이유로 인하여 역사상 수많은 국가나 독재자가 전쟁을 정치의 수단으로 사용하였다.

1832년 출간된 〈전쟁론〉에서 클라우제비츠는 '전쟁은 정치의 수단이며 다른 수단에 의한 정치의 연속이다'라고 정의하였다. 중국 본토에서 장제스[蔣介石]의 국민당 세력을 타이완 섬으로 밀어내고 공산주의 국가인 '중화인민공화국'을 건설한 마오쩌둥[毛澤東]은 한발 더 나아가 '전쟁은 유혈의 정치이고 정치는 무혈의 전쟁'이라며 극단적으로 정의하기도 하였다.

그러나 우리는 2020년 중국 우한에서 시작된 코로나 바이러스로 인하여 온 국민이 고통을 겪고 있다. 이는 지금까지 겪어 왔던 '블랙 스완(Black swan, 어쩌다 한번 벌어지는 큰 사건)'이 아닌 결코 되돌아갈 수 없는 '뉴 노멀 (새로운 사회 현상)'의 새로운 시대를 맞이하게 되었다는 것을 의미한다. 인류가 접할 수 있는 모든 분야에 있어 포스트 코로나 시대가 열린 것이다.

**키워드**
- 블랙 스완의 뉴 노멀 시대에 진입, 철저한 대비만이 생존의 지름길
- 뉴 노멀 시대에 적합한 국가 안보 범주와 방법론 재확립

# 학습 효과에 의한
# 생물학 무기 테러 가능성 점증

현재 조선민주주의인민공화국(북한)의 생화학 무기 보유량은 무려 5,000톤으로 분석되고 있으며 이는 전 세계 3위 수준의 규모이다. 북한은 이미 1960년대부터 생화학무기 연구를 본격화하였고 탄저균, 콜레라, 황열병, 천연두, 티푸스 등을 무기화하였다. 최근 각국의 언론 매체들은 북한이 탄저균과 천연두를 무기화하였고 한국이나 미국, 일본을 공격 목표로 삼아 미사일로 쏠 수 있으며 단 1kg의 탄저균만으로도 서울 시민 5만 명을 죽게 만들 수 있다고 경고하였다.

자, 이제 코로나 팬데믹(Pandemic) 사태와 북한의 생화학 무기 개발과의 역학 관계에 대하여 알아보자. 우한 폐렴 바이러스에 의해 전 세계적인 코로나 팬데믹 현상을 겪고 있는 지금 각국의 우려대로 생물학 무기가 직간접적 군사 활동 영역에서 이용된다고 생각해 보자. 만일 특정 국가, 특정 지역에 바이러스를 포함한 생물, 화학 무기에 의한 공격이 발생한다면 그 행위에 대한 직접적 증거 불충분으로 인하여 공격 행위자를 쉽게 확인할 수 없다. 뿐만 아니라, 공격받은 대상 국가의 군대는 쉽게 무력화되고 정부의 권위를 급격히 추락시키며 국가 시스템 자체를 마비시킬 수 있다는 사실을 이번 사태를 통해 온 인류가 직접 체험하게 되었다.

대한민국은 그간 막대한 국방 예산을 투입하여 조기 경보기, 공중 급유기 도입, 이지스(Aegis) 구축함 건조, F-35A 스텔스 전투기 도입 등 외형적으로 보다 높은 수준의 국방력을 건설하고 있었다. 또 이를 통하여 재래식 무기를 이용한 공격 행위에 대한 조기 경보 및 대응 능력은 어느 정도 축적하고 있다고 볼 수도 있다. 반면 좌파 세력은 '국방 개혁 2.0'이라는 미명 아래 정작 한반도 안보의 핵심 기반인 한미연합작전 능력을 와해하려고 획책하며 여론을 선동하고 있다.

그러나 과연 유사 이래 경험이 없는 분야인 생화학전 즉, 세균 및 바이러스 그리고 화학 물질을 이용한 은밀한 공격에 대한 조기 경보는 한미 연합 자산의 도움 없이 가능할 것이며 적절한 대응이 가능하겠는가? 그리고 우한 폐렴으로도 이러한 혼란을 겪고 있는데 만일 이러한 상황이 실제로 발생한다면 국가를 제대로 통제하고 국민의 생명과 재산을 보호할 수 있겠는가? 결론적으로 그 답을 쉽게 내기가 어려운 것이 현실이다.

이번 우한 폐렴 바이러스조차 중국 공산당의 생물학 무기 개발 과정에서 유출된 것이라고 2018년 노벨 의학상 수상자인 일본의 생리학 교수 타스쿠 혼조[本庶佑] 박사가 증언하였다. 이러한 가운데 진보된 과학 및 의학 기술을 악의적으로 활용하고 그 목적으로 고도의 첨단 기술이 생물학 무기 개발에 적용된다면 어떤 일이 벌어질까? 인간의 게놈(유전체) 빅데이터까지 완벽히 구축된 지금 이 현실 속에서 자칫 특정 인종, 특정 지역에만 무기가 적용될 수도 있다는 위험성까지도 내포하고 있다.

이미 2020년 5월 28일 울산과학기술원(UNIST) 게놈산업기술센터(KO-GIS), 영국 캠브리지대학, 하버드대 의대 등 공동 연구팀은 한국인 1,094명의 전장 게놈 자료 분석을 통해 '한국인 1,000명 게놈(Korea 1K) 프로젝트 결과'를 '사이언스 어드밴시스'에 발표하였다. 이 발표에서는 기존의 인간 참조 표준게놈지도(2003)와 비교 시 약 4,000만 개의 차이를 보이고 있으며 이중 무려 34.5%는 한국인에게서만 발견되는 특이성이라는 아주 자세한 결과를 보여주었다.

게다가 이러한 세균 및 바이러스에 의한 생물학전의 상황은 결코 한 지역, 한 국가의 문제가 아닐 수도 있다는 것이다. 생물학 무기의 특성상 자의건 타의건 직간접 전파와 감염에 의해 그 피해의 범위가 광범위하게 확산될 수밖에 없다는 것이 이번 코로나 팬데믹 사태에 의해 충분히 증명되었다.

중국 우한을 기점으로 시작되어 전 세계로 실시간 확산되고 있는 코로나 바이러스에 의한 팬데믹 현상은 아직도 해결되지 않은 현재 진행형이다. 작금의 사태를 세밀히 분석하고 포스트 코로나 시대 우리의 안보 개념에 대한 심사숙고와 함께 국가 안보 시스템의 근본적 변화가 필요하지 않을까?

**키워드**
● 북한은 세계 최고 수준의 생화학 무기 보유국, 대응책이 있는가?
● 외형적 국방력 성장이 아닌 내실 있는 무기 체계 도입 필요

# 현대 국가 안보는
# 다자 안보 협력 체계 강화로부터 출발

포스트 코로나 시대와 맞물려 즉각적으로 대응하기에도 버거운 급격한 사회적, 시대적 변화 속에서 한 국가가 모든 위협을 스스로 감당하기에는 분명한 한계가 있다는 것이 여실히 증명되었다. 따라서 이번 팬데믹 사태를 통해 보다 현실적인 국가 안보 개념의 변화 필요성을 검토하고 이를 해소할 수 있는 대체적 보완 방안으로 다자 안보 협력이 더욱 필요해졌다.

일반적으로 알고 있듯이 전통적 안보(conventional security)에서 포괄적 안보(comprehensive security)로 개념이 변화한 지도 오래되었다. 이를 뒷받침하듯이 기존의 국제 관계에서의 전통적 안보 개념인 세력 균형(Balance of Power)에서 집단 안전 보장(Collective Security)으로 그 방법론적 형태가 변화되었다. 1990년 이후부터 본격 등장한 공동 안보(Common Security)의 개념조차도 뛰어넘는 코로나 팬데믹에 의한 뉴 노멀 시대로의 급속한 변화는 이데올로기적 국가 전략을 넘어섰다. 즉 국제 관계와 사회 현상에 신속히 적응하고 주도권을 가진 그룹에 적극 부합하는 보다 현실적이고 적극적인 국가 안보 시스템으로의 변화를 요구하게 되었다.

이는 1970~80년대의 NL(민족해방), PD(민중민주)라는 공산주의 기반 운동권 시각과 세계관에서 아직까지도 벗어나지 못하고 있는 좌파 정치 그룹과 이를 추종하는 세력에게 있어 시사하는 바가 매우 크다.

이미 모두가 알고 있다시피 중국 우한에서 시작된 코로나 바이러스는 온 인류를 그리고 전 세계를 혼란에 빠지게 했다. 의료 기술이 발전하지 못한 일부 국가의 경우 정부의 통제력 상실까지 갈 수 있는 절체절명의 상황을 맞게 하였다. 그리고 가장 두려운 것은 공산주의 국가 중국에 의해 생물학 무기로 개발된 정황이 속속 밝혀지고 있는 가운데 아직 치료법이 개발되지 않은 바이러스의 위험으로 인해 수많은 국가가 속수무책으로 무력화되는 모습을 보여 왔다는 점이다. 이는 앞으로 테러리즘을 추구하는 불순 세력의 전략과 전술에도 큰 변화를 가져오게 하였다.

누가 언제 어디서 인위적으로 개발된 어떠한 종류의 세균 또는 바이러스 무기를 사용할지 모른다. 그러한 수단을 사용한 은밀한 테러리즘 및 군사적 공격 행위가 발생할 경우 그 해결을 위해서라도 국민의 자유를 제한하고 일상 생활조차 과도하게 통제할 수밖에 없으며 국가 시스템 운영에 심각한 악영향을 초래한다는 것을 학습을 통해 깨달았다. 그리고 그러한 행위는 테러리즘을 계획한 세력이 직접 행동하지 않더라도 세계 어디에서나 어느 도시에나 존재하고 있는 '외로운 늑대(Lone Wolf, 자생적 테러리스트)'를 직간접적으로 활용함으로써 그 수단의 다양성과 시공간적 개념을 무력화하기에 이르렀다.

만일 이번 코로나 바이러스와 같이 인간을 직접 위해하는 바이러스 무기 또는 아프리카 돼지열병, 구제역, 조류 독감 등과 유사한 종류의 바이러스 무기가 동시에 확산되었다고 가정해 보자. 더 나아가 원인 불명의 인수(人獸) 공통 감염성 바이러스가 급속도로 확산된다고 가정해 보자. 과연 국가 시스템이 정상적으로 유지될 수 있겠는가? 따라서 보다 미래 지향적인 대한민국의 안보 보장을 위하여, 이와 같은 문제 해결을 위한 다자 안보 협력의 필요성에 대하여 더욱 신중히 검토해야 할 시점에 있다고 하겠다.

그간의 통상적 개념의 다자 안보 협력은 급변 사태 또는 무력적 분쟁 발발 후의 대처가 아닌 군사, 정치, 사회, 경제, 환경, 테러, 마약, 사이버 등 다양한 종류의 지역 분쟁 및 국가 간 갈등의 원인을 사전에 제거하는 예방 외교에 초점을 두고 있다. 이를 보다 정치학적으로 단순화시켜보면 상대국의 입장을 이해하는 듯한 스탠스를 취함으로써 인접 국가와 불필요한 분쟁 요인을 제거하고 역내 국가들 간 자발적으로 결성한 지역 안보 협의체로 국가 간 신뢰와 투명성을 쌓는 데 그 목적을 두고 있었다.

그러나 포스트 코로나 시대에는 이전의 일반적 상황처럼 예측 가능하거나 통제 가능한 수준의 협력 분야를 쉽게 뛰어넘어 눈에 보이지 않는, 원인조차 쉽사리 파악할 수 없는 세균 및 바이러스 공격에 공동 대비하고 대응해야 한다. 이렇게 정치적 목적을 떠나 지구상에서의 인류 공존이라는 측면에서 신속한 정보 교환 및 방역 역량 협조 등 역내 다자 안보 협력 체계를 재구상하여야 한다. 그리고 그렇게 할 수밖에 없는 현실과 직면하게 되었다.

**키워드**
- 좌파 정치 그룹은 흑백 사진 속에 박제된 그릇된 허상
- 다자 안보 시스템 구축 없이는 국가 안보 보장 곤란
- 역내 다자 안보 시스템을 주도하는 국가로 성장 필요

# 한미동맹 강화 및 인도~태평양 전략 동참은 시대적 과제

우리 대한민국은 반도 국가로 태평양과 직접 연결되어 있다. 한반도를 포함한 환태평양 국가들은 이러한 지정학적 특성에 기반을 두고 있는 다양한 해양 분쟁 요인과 해양 안보의 중요성을 인식하고 각기 자국의 이익 보장을 위해 활동하고 있다. 해양 분쟁이란 국제법적 범위에서 발생하는 영해, 배타적 경제 수역, 대륙붕 해저 자원 등 관련된 국가 간 갈등을 말한다. 해양 안보라는 것은 해양에서 발생하는 다양한 종류의 분쟁과 갈등 요인들로부터 영해 침범, 도서 영유권 주장, 국가 주권 확보, 해양 이익 침해 최소화를 위해 노력하는 행위를 말한다.

이를 수행하기 위한 물리적 결과물은 국방력 증대 특히, 해군력 증강 및 증강된 해군력을 활용한 해상 시위로 나타나기도 한다. 1950년 6·25전쟁에서 우리 대한민국 국민과 장병 수백만 명의 인명을 살상한 중국 인민해방군의 경우에도 최근 성장한 경제력을 기반으로 항공모함 건조 등 해군력을 대폭 증강하면서 제1도련(쿠릴열도~대만 필리핀 마라카 해협), 제2도련(오가사와라 제도~괌~사이판~파푸아 뉴기니) 등 동아시아 및 환태평양 권역에서의 미국의 영향력에 대응하고자 해상 군사력 강화를 획책하고 있다.

지금까지의 아시아 권역 내 주요 갈등은 한·중 간의 이어도 영유권 문제,

**그림 1** 인도~태평양 전략(Indo-Pacific Vision)과 일대일로(一帶一路) 전략

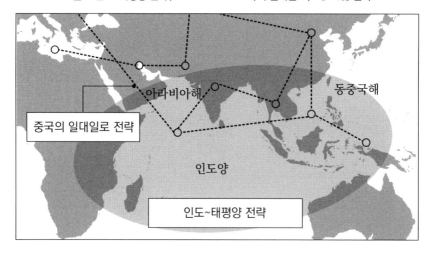

중국의 일대일로 전략

아라비아해

동중국해

인도양

인도~태평양 전략

**그림 2** 중국의 육상, 해상 실크로드 일대일로 계획

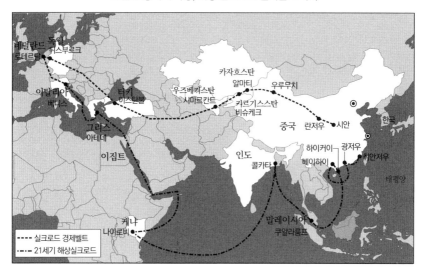

실크로드 경제벨트

21세기 해상실크로드

한·일 간의 동해~독도 명칭 및 영유권 문제, 동중국해에서의 중·일 간의 센가쿠 열도(댜오위다오) 영유권 문제, 러·일 간의 남쿠릴 열도 반환 문제, 그리고 남중국해에서의 서사군도, 남사군도 등 동남아 국가들과 중국과의 오래된 갈등이 주요 원인으로 작용하였다. 특히 남중국해에서의 중국과의 영유권 분쟁 국가들은 베트남, 말레이시아, 필리핀, 인도네시아, 타이완, 브루나이 등 대부분의 ASEAN 국가들을 포함하고 있다.

국제관계학 측면에서 한반도를 포함한 동아시아에서의 가장 큰 이슈는 미국 주도의 '인도~태평양 전략(Indo-Pacific Vision)'과 중국 주도의 '일대일로(一帶一路, One Belt-One Load)' 정책의 직접적 충돌이 더욱 가시화되고 있다는 것이다.

지난 2019년 6월 1일에 발표된 인도~태평양 전략의 핵심 포인트는, 미 정부 및 국방부가 주시하는 미래 안보 정책의 핵심인 자유롭게 열려 있는 인도~태평양(free and open Indo~Pacific)을 말하는 것이다. 이는 미국 서부 해안에서 출발하여 인도의 서해안까지를 연결되는 권역으로 중국이 주장하는 일대일로 전략의 범위를 모두 포함하고 있다는 것이다.

무엇보다도 중국을, 오랜 세월 동안 구축해 놓은 자유민주주의 기반의 아시아 권역에서의 기존 질서를 무너뜨리려는 악의적, 그리고 최대의 도전 세력으로 규정하고 있다. 이는 만일 중국이 잘 구축되어 있는 지정학적 질서에 도전하게 된다면 선제적으로 제재하겠다는 강한 의지를 표명하는 것이기도 하다. 그리고 보다 구체적으로 제재 방안을 실행에 옮기고 있으며 이러한 의지는 미국 내에서 공화당은 물론 민주당의 입장도 동일하다. 오히려 민주당의 입장이 더욱 강경하다는 외교 전문가의 평가도 있다.

미 정부는 인도~태평양 전략을 발표하면서 일본을 '인도~태평양 지역의 평화와 번영의 초석(the cornerstone of peace and prosperity in the In-do~Pacific)'이라고 평가하면서 'cornerstone'이라고 표현하였다. 전통적 우방 국가인 호주의 경우 '미래 인도~태평양 지역의 안전 보장을 위한 협력 대상 (Collaborating to ensure the Indo~Pacific)'으로 정의하고 있다.

반면 대한민국에 대해서는 과거 굳건했던 한미동맹이 좌파 정치 그룹에 의해 그 관계가 느슨해짐에 따라 인도~태평양이라는 단어 자체가 사용되지 않았다. 지난 2001년 오바마 행정부 시절부터 사용되기 시작한 'Linchpin'을 그대로 답습하여 '한반도와 동북아에 있어 평화와 번영의 핵심축(Linchpin of peace and prosperity in Northeast Asia, as well as Korea Peninsula)'이라고 표현하면서 한반도와 동북아에 국한하고 있다.

물론 국제관계학적 측면에서 cornerstone이나 Linchpin 두 단어 모두를 외교적 수사로만 의미를 부여할 경우 대한민국에 대해서도 높은 수준의 신뢰를 의미하고 있다는 점에서 겉으로는 한미동맹이 흔들림 없는 것으로 보일 수도 있다.

그러나 미 정부와 국방부가 차세대 국제 전략으로 정한 인도~태평양 전략의 테두리 안에서의 역할에 있어 대한민국을 언급조차 하지 않았다는 점에서 그 의미의 심각성을 신중히 분석 검토해 보아야 할 것이다. 왜냐하면 인도~태평양 전략의 대상 지역과 국가들은 다름 아닌 현 대한민국 정부가 대외적으로 공표한 '신남방 정책'의 대상 국가들, 즉 ASEAN 국가들과 100% 일치하고 있기 때문이다. 다시 말해 대한민국은 국제 관계에 무지한 좌파 정치 그룹의 의도와는 상관없이 인도~태평양 전략에 직접적으로 포함될 수밖에 없다는 것을 의미하는 것이다.

**키워드**

● 한미동맹은 대한민국 안보 보장의 초석
● 적극적 인도~태평양 전략 동참만이 국가의 미래를 보장

# 중국 일대일로 전략의
# 허와 실

앞서 미국 주도의 '인도~태평양 전략'의 중요성을 논하였다. 이에 대비되어 중국 공산당이 표방하고 있는 대외 정책은 대한민국의 외교, 안보, 경제 정책에 직접적으로 영향을 끼치고 있는 '일대일로 전략'이다. 일대일로 전략의 가장 큰 위험성은, 중국이 자칭 '중국몽(中國夢)'에 토대를 두고 표면적으로는 국제적 경제 협력을 지향한다면서 지난 2016년 1월 설립한 이후 지금까지 57개국이 가입한 '아시아인프라투자은행(AIIB)'을 아시아 역내 국가들에 대한 경제 차관 형식으로 이용해 보다 억압적인 정치, 경제적 종속 관계(subordinate relationship)를 강요하고 있다는 것이다.

대표적 사례를 살펴보자. 세계적 휴양지로 잘 알려진 몰디브의 경우 압둘라 야민 전 대통령이 2017년 중국의 일대일로 사업에 직접 참여하면서 2억 달러의 차관을 받아 수도 말레와 국제 공항이 있는 훌훌레 섬을 잇는 다리를 건설하고 2018년 8월 개통했다. 그러나 최근에 와서 당초 중국과 불공정한 계약을 체결하여 최대 30억 달러의 빚을 지게 되었다는 것이 밝혀진 바 있다. 이에 중국과 국경 분쟁을 하고 있는 인도가 5억 달러 규모의 차관을 지원해 주기로 하였다.

또한 스리랑카의 함반토타 항 건설의 경우도 몰디브와 유사하다. 스리랑카 정부가 중국의 자금을 빌려 남부 중요 지역에 항구를 건설하였으나, 천문학적 채무를 감당하지 못하고 99년간 항구 운영권을 중국에 넘겨주게 되었다. 이와 같은 중국의 노골적인 경제적 침략 행위로 인하여 AIIB 등 중국 자금을 활용한 투자 개발 사업은 '부채 함정 외교(debt-trap diplomacy)'라고 불리고 있다. 당초 일대일로의 주요 참여국이었던 스리랑카, 파키스탄, 말레이시아, 베트남 등의 국가들조차도 중국의 일대일로 정책과 거리를 두는 것으로 급속히 변화하고 있다.

이를 두고 학계에서는 현실적으로 국가 이익과 안전 보장을 위해 대한민국 정부가 추진하는 신남방 정책과 미국의 인도~태평양 전략의 공통 분모를 찾아 활용하자는 안(案)과 미국 주도의 현 질서 체계를 안정적으로 유지하면서 그 안에서 국익을 확보하자는 안, 그리고 당초 국가들의 대(對) 중국 신뢰도가 급속히 낮아지고 있고 미국 중심의 서방 국가들의 제재로 인하여 중국의 일대일로 정책의 성공 가능성이 매우 낮은 만큼 보다 적극적으로 인도~태평양 전략에 참여하여 경제, 안보적 지분을 공고하자는 안 등이 대두되고 있다.

여기에서 최근까지의 국제 동향과 정세 변화를 움직이고 있는 핵심 동인(核心動人)을 비교 분석해 보자. 중국~이란~북한 간의 협력적 연결 관계는 ASEAN 국가들의 안보 현안으로 부각될 가능성이 높고 유럽의 경우에도 독일을 중심으로 유지되었던 NATO 시스템의 붕괴도 우려되고 있는 실정이다.

이러한 가운데 2020년 1월 미국의 은밀한 드론 공격으로 이란의 실력자 술레이만이 사망하는 사건이 발생하였다. 이 사건을 놓고 많은 국제 관계 전문가는 미국의 1차적 목적은 단순히 이란이 아니라 언제든지 어디서나 기존 질서 유지를 무너뜨리고 훼방하는 세력이 있다면 즉각 제거될 수 있음을 보여준 것이라 강조하였다. 이는 NATO 국가들에 대한 미국 영향권 내에서 이탈 금지에 대한 직접적 경고이며, 2차적 목적은 중국에 대한 경고 그리고 이를 통한 동남아 역내 중국의 영향력 차단으로 평가하기도 한다.

이를 기반으로 동북아 해역에서는 미일 관계를 강화하는 한편 중국에 대한 압박을 더욱 증대시키고 동아시아 해역에서의 동남아 국가들을 대상으로 보다 높은 반중(反中) 정서를 확산시키며 최종적으로 미국 주도로 서부에서 출발하여 환태평양, 동남아시아 그리고 인도를 연결하는 '인도~태평양 전략'의 안정적 결합을 목표로 하고 있는 것이다.

미중 간의 패권 전쟁으로 비춰질 수도 있으나 현실적으로 동중국해 위기 조성 고조에도 불구하고 실질적 무력 충돌 가능성은 낮다고 보는 것이 일반적인 견해이다. 우발적 무력 충돌을 주장하는 이들도 있으나, 이는 실제 군사 경험이 부족한 탁상공론적 추론에 불가하다. 뿐만 아니라 미국은 동북아, 동중국해 역내 분쟁은 곧 제3차 세계대전의 뇌관임을 인식하고 있는 만큼 오히려 미국과 우방국들의 협력을 강화하고 중국을 경제적, 군사적으로 보다 강력하게 압박한다. 이로써 과거 구소련과 같이 중국이 여러 개의 국가로 분리되고 급속히 붕괴될 가능성도 상당하다. 그만큼 ASEAN 국가들은 역내 힘의 균형을 재구성하는 레짐(regime) 체인지에 대비해야 한다는 것이 현재 동아시아를 바라보는 국제 관계 전문가들의 공통된 인식이다.

무엇보다도 지금의 좌파 정치 그룹처럼 국제 정세를 정확하게 파악하지 못하고 오직 중국 공산당을 사대하며 중국몽에 휩싸여 국가와 국민을 국난의 위기 속으로 이끌고 가면 안 된다는 것을 강조하고 싶다.

이번 COVID-19 팬데믹 사태로 인하여 중국에 대한 국제 사회의 인식은 역사상 가장 안 좋은 방향으로 귀결되고 있다. 이 점에서 미국을 위시한 서방 국가들을 중심으로 중국에 대한 전방위 압박이 가해질 것은 어찌 보면 당연한 수순일 수도 있다. 또한 과거의 국제 정세 분석과는 달리 중국의 허상과 야욕이 낱낱이 밝혀진 만큼 현실적으로 중국이 미국을 추월하는 것이 불가능하다는 인식이 확산되고 있다. 그런 가운데 역사적으로 반중(反中) 정서가 강한 필리핀, 베트남, 말레이시아, 싱가포르 등을 중심으로 경제 주권과 해양 및 영토 주권을 놓고 제한된 수준의 국지적 분쟁이 일어날 가능성은 항시 내포되어 있다는 점도 간과해서는 안 된다.

**키워드**
- 중국 일대일로의 본질은 부채 함정 외교
- 동아시아 국가들과의 협력 강화로 중국의 일대일로에 적극 대응

# 동아시아 다자 안보 협력 체계 안에서의 리더십 구축 강화

　반도에 위치한 대한민국은 지리적으로 명실상부한 해양 국가이다. 게다가 현실적으로 6·25전쟁 이후 개전(開戰)이 언제든지 가능한 휴전 상태를 유지하고 있다는 점에서 정치, 군사적으로 대결 중인 북한과도 물리적으로 단절되어 있는 만큼 영국, 일본과 같은 섬 국가일 수도 있다. 더욱이 2020년에 발생한 서해 해수부 공무원의 피살 사건은 70년간 지속되어 온 군사적 대치 상황을 현실적으로 보여주는 단적인 사례일 것이다.

　따라서 해방론(海方論)에 입각한 국가 안보 정책을 기반으로 한미동맹 발전과 다자 안보 협력 증진에 기여할 수 있는 미래 지향적 중장기 외교 안보 정책과 국방 정책을 수립하고 발전 방향을 도출하여야 할 것이다. 동아시아 권역 내 다자 안보 협력 체계를 살펴보기 이전 우선 세계 각국의 다자 안보 협력 체계를 알아보도록 하자.

　세계 각국은 역내 자국의 국익을 보호하기 위하여 다양한 다자 안보 협의체를 구성하고 있다. 대표적으로 제2차 세계대전 이후 성립된 NATO의 경우 집단 방위의 개념으로 그간 바르샤바조약기구와의 대립을 주도하였다. 이후 코소보 전쟁, 테러와의 전쟁에 참여하였으나 지금은 탈냉전 후 집단 방어의 정당성이 상실되면서 NATO 조직의 지리적 및 기능적 확대를 추진하

**도표 1** 유럽 다자 안보 협력 기구 현황

| 구분 | 출현 시기 | 기본 개념 | 주요 내용 | 특징 |
|------|-----------|-----------|-----------|------|
| NATO | 제2차 세계대전 이후 | 집단 방위 | – 바르샤바 조약기구와 대립<br>– 코소보 전쟁, 테러와의 전쟁 참여 | – 탈냉전 후 집단 방어의 정당성 상실<br>– NATO의 지리적 및 기능적 확대 추진 |
| CECE/OSCE | 냉전 말기 | 공동 안보 | – 헬싱키 체계와 탈냉전<br>– CFE 조약 체결<br>– 평화 유지 활동, 유럽안보헌장, 유럽안보포럼 가동 | – 급진적 안보 개념의 실천적 한계와 유럽 외 지역에서의 실천 가능성 한계<br>– 안보공동체 개념의 개발<br>– 협력 안보 접근의 수용 |
| ARF | 탈냉전기 | 협력 안보 | – 포괄적 의제에 대한 정기 대화<br>– 재난 구조, 해양 안보, 반테러 협력 | – 느슨한 안보 협력의 한계와 양자 관계 타 기구에 의존<br>– 의무적 실전의 안보 협력 영역 개발 중 |
| SCO | 탈냉전기 | 협력 안보 | – 포괄적 안보 협력 정착 (경제, 테러, 마약, 환경, 에너지 등)<br>– 정기적 합동 군사 훈련 실시 | – 대미/대서방 성격에 대한 중~러 전략 협력의 한계<br>– 지리적 확장과 집단 방위 기구화 검토 |

고 있다. CECE/OSCE의 경우 공동 안보의 전제로 성립하였으며 헬싱키 체계와 탈냉전, CFE 조약 체결, 평화 유지 활동, 유럽안보헌장, 유럽안보포럼 등을 가동하였다. 그러나 급진적 안보 개념의 실천적 한계와 유럽 외 지역에서의 실천 가능성 한계로 인해 안보 공동체 개념의 개발과 협력 안보 접근을 수용하는 방향으로 변화하고 있다.

탈냉전기와 더불어 성립된 ARF와 SCO는 협력 안보에 주안점으로 두고 있으며 포괄적 의제에 대한 정기 대화, 재난 구조, 해양 안보, 반테러 협력에 집중하고 있다. 비교적 느슨한 안보 협력의 한계, 양자 관계와 타 기구에 의존하거나 의무적 실전의 안보 협력의 영역 개발 중에 있다.

한반도에 위치한 대한민국 역시 동아시아 권역 내에서 APEC(아태경제협

**도표 2** 아시아 지역 국제 기구 현황

| 구분 | 출범 시기 | 참여국 수 | 참여 국가 |
|---|---|---|---|
| APEC | 1989년 | 21개국 | 한국, 미국, 일본, 호주, 뉴질랜드, 캐나다, 말레이시아, 인도네시아, 태국, 싱가폴, 필리핀, 브루나이, 중국, 홍콩, 타이완, 멕시코, 파푸아뉴기니, 칠레, 러시아, 베트남, 페루 |
| ASEAN+3 | 1997년 | 13개국 | ASEAN, 한국, 중국, 일본 |
| EAS | 2005년 | 18개국 | ASEAN+3, 호주, 뉴질랜드, 인도, 미국, 러시아 |
| ARF | 1994년 | 27개국 | ASEAN 대화 상대국 10개국(한국, 미국, 일본, 중국, 러시아, 호주, 캐나다, 뉴질랜드, 인도, EU의장국)<br>+ 기타 7개국(몽골, 파푸아뉴기니, 북한, 스리랑카, 파키스탄, 방글라데시, 동티모르) |

력체, 21개국), ASEAN+3(동남아시아 국가 연합+한중일, 13개국), EAS(동아시아정상회의, 18개국), ARF(아세안지역안보포럼, 27개국, 북한도 참여) 등 다양한 종류의 협의체에 가입하고 있으며, 문재인 정부 출범 이후에는 ASEAN+3에서 주도적으로 활동하기 위하여 노력하는 것으로 보였다.

현재 한국이 참여 중인 APEC, ASEAN+3, EAS, ARF 등 다자 협력 체제의 특징을 자세히 살펴보자. 아태경제협력체인 APEC(Asia-Pacific Economic Cooperation)은 1989년 1월 한국에서 호주 밥 호크 수상이 필요성을 언급한 이후 그해 11월에 12개국을 중심으로 창설되었다. ASEAN 국가들은 추가적 협력체 건설에 회의적이었음에도 불구하고 개발 협력이라는 인센티브를 제안한 일본 정부의 노력으로 ASEAN 국가들도 본격적으로 참여 의사를 밝히게 되었다.

APEC의 가장 큰 특징은 비참여 국가도 혜택을 제공받는 개방적 지역주의를 표방하고 있다는 점이다. 또한 과거 미국 클린턴 행정부의 신태평양공동체 창설 제의로 인하여 탄력을 받았다. 2001년부터는 9·11 테러의 영향으로 안보 이슈가 집중적으로 부각되고 있다.

ASEAN+3(ASEAN + 한·중·일)의 경우 1990년 마하트르 말레이시아 총리가 미국과 호주를 제외한 조직인 동아시아경제회의(EAEC) 창설을 주장한 것이 시초가 되었다. 협의체의 실효적 성과 달성을 위하여 1997년 12월 ASEAN 창설 30주년 기념 비공식 정상회의에서 한·중·일 정상을 초청함에 따라 ASEAN+3가 공식적으로 성립되었다. 그리고 보다 현실적인 안보 협의체로 미국, 러시아, 뉴질랜드, 호주, 인도가 추가적으로 참여하는 '아세안 국방장관회의(ADMM-Plus)'를 두고 있다.

반면 이 협의체에 대하여 한·중·일 3국과 ASEAN 국가 간 주도권을 놓고 물밑 갈등이 심한 가운데 한국 정부는 사실상 중국, 일본과 같이 이들 ASEAN 국가들을 대상으로 막대한 재원을 투입하고 이를 기반으로 한 아젠다(Agenda)를 주도하기에는 현실적으로 한계가 있었다.

그러나 역설적으로 코로나 팬데믹 이후 회의체 내에서 핵심 아젠다를 이끌 수 있는 리더의 위치를 확보할 수 있는 좋은 계기가 된 것은 분명한 사실이다. 이 기회를 적극 활용할 수 있도록 포스트 코로나 시대의 ASEAN 국가들과 다자 안보 협력 체계를 주도할 수 있는 세밀한 전략을 반드시 수립해야할 것이다.

동아시아정상회의(EAS : East Asia Summit)는 1998년 동아시아 비전 그룹(EAVG), 2001년 동아시아 연구 그룹(EASG)이 발족된 이후 2004년 8차 ASEAN+3 정상회의 시 중국, 말레이시아가 EAS 출범을 추진, 전격 합의된 이후 ASEAN+3에서 한국이 제안한 두 개의 보고서가 채택되면서 2005년 창설되었다. 현재 ASEAN+3이 Main Vehicle, ASEAN은 Driving force, ASEAN+3가 APEC, EAS, ARF 등 기타 지역 협력체와 상호 보완 역할을 하고 있다.

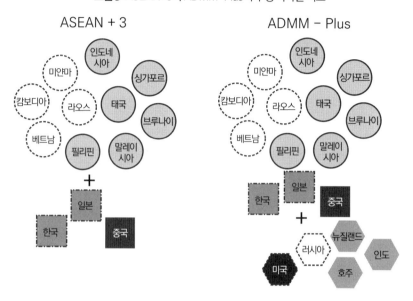

**그림 3** ASEAN+3와 ADMM-Plus의 구성 국가들 비교

ASEAN + 3

ADMM - Plus

아세안지역안보포럼(ARF : ASEAN Reginal Forum)의 경우 1994년 ASEAN의 안보 기구로 출범하였다. 무엇보다도 미·중·일·러 등 특정 강대국의 지배력과 영향력을 배제하고 있다는 것이 가장 큰 특징이다. ARF는 약소국 집단이 회의체를 주도하면서 참여 회원국으로 강대국을 끌어들였다는 데 의의가 있으며, 보다 높은 수준에서 내정 불간섭과 주권 존중의 원칙을 고수하고 갈등의 직접적 해결보다는 회원국 간의 타협적 분위기 조성에 집중하고 있다. 다만 현실적으로 미·중은 다자 안보보다 양자 안보를 선호하고 있다는 점에서 기존 시스템 손상도 우려되고 있는 실정이다.

위에 쓴 것과 같이 아시아 권역 내에 다양한 종류의 안보 협력 기구가 있는 만큼 ASEAN 역내 주도권 확보와 다자 안보 협력 강화를 위하여 새로운 회의체의 창설보다는 기존 회의체의 효력을 극대화하는 방안이 보다 합리적이라고 볼 수 있다. 더욱이 동아시아는 한·미·일·중 및 ASEAN 각국 간에는 역사, 외교, 경제, 국방상 복잡한 이해 관계가 상존하고 있는 만큼 대한민국의 경제력, 국방력에 부합하면서 국가의 이익을 극대화할 수 있도록 동북아, 동남아 역내에서의 역할 제고가 필요한 시기라고 볼 수 있다.

**키워드**
- 동아시아 안보 협력 시스템을 주도하는 국가로 성장
- 국가의 미래는 중국 팽창에 대응, 한미동맹과 동아시아 국가 협력이 핵심

# 지금은 종전 선언 운운이 아닌 국방력을 더욱 강화해야 할 시점

중화인민공화국(중공)은 중국몽(中國夢)을 실현함과 동시에 주변 국가들의 외교, 경제 장악과 군사적 영향력 강화를 위해 첨단 국방력 건설에 집중하고 있다. 재래식 전력은 물론 사이버 및 우주 공간에 대한 주도권을 확보하기 위하여 다방면의 군사 혁신 정책을 추진하고 있다. 또한 미국 군사력에 직접적으로 대응하기 위하여 'A2AD 전략(접근 거부 및 지역 거부 전략, Anti-Access Area Denial)'을 구현하고자 신무기 및 첨단 과학 기술 연구 개발에 집중하면서 대함 탄도미사일, 초수평선 레이더, 대우주 공격 무기 등을 전력화하고 있다. 아울러 우주, 무인 체계, AI, 지향성 에너지 무기 체계 및 스텔스 탐지 양자 레이더를 비롯한 양자 컴퓨터, 양자 통신 등 양자 무기 기술 분야에 대해서도 집중적으로 연구 개발을 진행 중이다.

대한민국의 안보를 직접적으로 위협하는 집단인 조선민주주의인민공화국(북한)은 남북 평화를 주장하며 국군의 날 행사마저도 축소한 문재인 정부에 보란 듯이 대대적으로 조선노동당 창건 75주년 경축 열병식을 평양 김일성 광장에서 개최했다. 또 그 자리에서 신형 대륙간탄도미사일(ICBM, 화성-15), 잠수함발사탄도미사일(SLBM, 북극성-4호), 신형 초대형 다연장포(방사포), 북한판 스트라이커 장갑차 등 각종 신형 무기 체계 및 최신 장비로 무장한 특수

부대를 보여주며 그들의 호전성을 여과 없이 보여 주었다. 대한민국 대통령과 좌파 정치 그룹이 종전 선언을 선동하고 있는 이 시기에 말이다.

북한의 전략 무기인 잠수함의 건조 기술은 보다 진일보하여 대한민국 국방부가 추진 중인 3,000톤급 장보고—3 잠수함보다도 더 큰 규모의 잠수함을 만들 수 있는 것으로 평가되고 있다. 이로 인하여 잠수함이 주축이 되는 수중 작전에 있어 수적 열세는 물론 작전 능력도 열세에 몰릴 가능성이 상당하다. 신형 전술 장갑차 또한 미국 스트라이커 장갑차를 그대로 모방하여 전차포, 대공 미사일 등 다양한 무기 체계를 탑재했고 병력 수송은 물론 대전차 공격, 항공기 요격 등 다목적 작전 수행이 가능할 것으로 보인다.

이는 대한민국의 군사력에 대비한 '전형적인 비대칭 전력 강화'의 특성을 그대로 보여 주는 것이다. 그동안 핵무기를 제외한 재래식 무기에 있어서도 대한민국 국군이 북한 인민군의 비대칭 전력 강화에 속수무책으로 당하는 경우가 많았다는 점에서 시사하는 바가 매우 크다.

무엇보다도 북한은 잠정적 핵무기 보유국이라는 점에서 군사적 대결의 한계가 분명하다. 그나마 대한민국 국군이 우위를 선점하고 있던 해상 전투력 및 아파치 헬기 도입 등으로 구축된 대전차 공격 능력을 무력화하는 비대칭 전략적 우위를 북한이 차지하게 될 수도 있다. 엄청난 예산이 투입되나 실제 작전 측면에서의 성과 달성이 불분명한 항모 건조 여론 조성과 육군 병력 축소 등 현실을 외면한 국방 정책의 근본적 문제점과도 연관되는 부분이기도 하다.

지금 대한민국 군대에 필요한 것은 북한의 비대칭 전력을 무력화하거나, 국군 차원의 비대칭 전력을 강화하는 것이다. 자주 국방이라는 허울 좋은 명분보다는 한미 연합 작전 능력을 더욱 공고히 하면서 국가의 실익과 국가 안보를 챙겨야 함에도 불구하고 오직 프로파간다로 실제적 국방력을 약화시키고 있다는 데 가장 큰 문제가 있다. 다시 말해 좌파 정치 그룹에 의해 '한미 연합 능력 약화 및 지상군 역량 약화에 초점'을 두고 자행되고 있는 '국방개혁 2.0'의 허상과도 대비되는 모습이기도 하다.

중국 및 북한의 군사력 강화 등 현실적으로 동아시아에서의 실체적 군사력 대치 지형도는 북-중-러와 한-미-일 그리고 동아시아 각국의 그룹으로 명백하게 나뉜다. 이 대결 구도가 6·25 전쟁 이후부터 지속되고 있다는 점은 일체의 반론을 제기할 수 없는 사실이다. 앞서 논평한 바와 같이 동아시아 각국은 역사적으로 중국과의 국경 분쟁, 영해 분쟁의 대결 구도를 가지고 있다. 그리고 이미 중국의 일대일로 전략의 직접적 피해가 극명하게 나타나기 시작하였다.

게다가 중국의 태평양으로 진출로인 제1도련, 제2도련 구상 등 해상에서의 군사력 증강은 미국과 일본을 중심으로 동아시아 국가의 우리 우방국들과의 군사적 충돌 가능성조차 내포하고 있다. 동아시아 역내에서 보다 현실적인 안보를 위해 요인을 파악하고 이를 보완 발전시키기 위해서는 다각도의 국방 안보 정책 수립과 혼선 없는 시행이 반드시 필요하다. 무엇보다도 한미동맹은 보다 공고히 하면서 미일동맹과 연계한 자유주의, 민주주의, 자본주의라는 공통의 이념을 가진 한미일 연합 안보 태세를 강화해야 할 때이다. 또한 이를 기반으로 동아시아에서의 군사, 경제 안보 공동체를 실효적으로 운용해야 할 시기이기도 하다.

**키워드**
- 동아시아 역내 중국의 팽창을 묵인할 경우 대한민국 국가 안보에 치명적 작용
- 한미일 주도 동아시아 국가들과의 안보 공동체 공고화 필요

# 중국의 세력 확대에 대응,
# ASEAN 국가들과 군사 동맹 강화 필요

대한민국의 실익을 확보하기 위하여 앞서 설명하였던 ASEAN 국가들의 다양한 협력 체계를 공고히 하여야 하는 가운데 보다 실효적으로 협력할 수 있는 분야가 ASEAN 국방장관회의이다. 그런데 사실 명칭만 ASEAN 국방장관회의이고 대한민국의 안보와 연계한 모든 국가가 참여하고 있는 만큼 명실상부한 환태평양 안보장관회의로 볼 수도 있다.

활동 실태를 간략히 살펴보자. 연 1회 개최되는 ASEAN 확대 국방장관회의, 아세안 확대 국방고위관리회의, 연 1~2회 개최되는 워킹 그룹(AD-SOM-Plus) 그리고 실무자로 구성된 각 분과 회의로 구성되어 있으며 이는 평화 유지 활동, 재해 재난 구조, 해양 안보, 대테러, 군 의료, 인도적 지뢰 대책, 사이버 안보 등 7개 섹션으로 구분된다.

여기에서 실효적이라고 표현한 이유는 각국의 해군 함정과 병력이 공동 훈련을 하는 등 눈에 보이는 실체적 행위가 이루어지고 있기 때문이다. 다만 아직까지는 각국의 이해 관계로 인해 보다 강력한 군사적 동맹을 의미하는 것은 아니다.

ASEAN 국가로 구성된 다자 안보 협력 체계에 있어 각국의 이해 관계의 특징은 크게 세 가지로 나뉜다. 다양한 인종, 다양한 문화, 다양한 종교로부터 발생되는 이해 관계의 충돌이 바로 그것이다. 이는 곧 다양성을 가진 정치, 외교, 문화적 특징을 가진다는 것을 의미하며 이로 인하여 협의체 내에서의 각국의 관심 분야 역시 다양하다. 한국과 일본 그리고 정치적으로 함께하는 미국은 북핵 문제, 동중국해 영해 분쟁에 관심이 많은 반면 여타 ASE-AN 국가들은 남중국해에서의 영해 문제에 보다 큰 관심을 가지고 있다.

특히 문화적, 종교적 다양성으로 인하여 발생하는 문제에 대한 즉각적 대응에 한계가 있을 뿐만 아니라 현실적으로 실질적 대응보다는 긴장을 낮추려는 수준의 관리에 한정되고 있기도 하다. 이러한 이유로 아직까지는 말라카 해협 해적 소탕, 자연 재해 및 재난 구호, 테러 대응과 해양 안보, 다국적 범죄 그리고 대량 살상 무기 비확산 등 초국가적 위협과 비전통적 위협에 대한 공감대 형성 수준에 머물러 있다고 볼 수 있다.

주요 사례를 살펴보면 대한민국은 2016년 ADMM-Plus 해양안보분과위원회 회의 이후 2017~2020년 간 싱가포르와 함께 해양 안보 분야 공동의장국 임무를 부여받아 활동하였으며, 2020년부터는 말레이시아와 함께 사이버 안보 분과의 공동 의장국 임무를 수행하고 있다. 그러나 아직까지 대한민국은 ASEAN 다자 안보 협력 체계에서는 확실한 리더십 창출에 다소 한계를 가지고 있었다.

포스트 코로나의 뉴 노멀 시대에 대비하는 한편 대한민국의 자유민주주의 수호와 항구적 안전 보장에 주안점을 두면서 19세기 이전처럼 주변국들을 또다시 정치, 군사, 경제적 속국으로 만들려는 공산주의 국가인 중공의 야욕을 공동으로 대처하는 차원에서라도 ASEAN 국가들과의 공동의 생존을 위한 일치된 인식을 갖는 보다 수준 높은 전략 마련이 시급하다. 뿐만 아니라 이를 주도적으로 이끌어 나가기 위하여 현재까지의 역내 입지 및 현실을 고려하여 주변국과의 복잡한 이해 관계 속에서 최선의 방안을 도출하여야 한다.

이를 통해 주변 강대국 및 ASEAN+3 역내에서 국익 극대화 및 리더로서의 포지션을 확보하고 국가 안보 보장을 위해 한미동맹 강화와 함께 미래지향적 ASEAN 다자 안보 협력 체계를 구축해야 할 것이다.

그러나 전략 수립 이전에 ASEAN 국가들에 대한 현실 인식 제고가 선행되어야 한다. 앞서 강조한 바와 같이 근본적으로 ASEAN 국가들은 다양한 인종과 다양한 종교, 다양한 문화를 가지고 있다. 물론 이러한 이유로 인하여 실질적으로 안보의 영역에서 실효적 성과가 있을 지에 대해서는 의구심도 상당하다. 일단은 역내 안보 현안 논의를 한다는 점에서 장점과 의의가 있다고 볼 수도 있다. 무엇보다도 경제 협력을 기반으로 한 ASEAN 국가들은 한국의 다자 협력의 주요 파트너라는 점에서 적극적으로 활용할 가치가 매우 높다. 따라서 대한민국이 역내 리더로서의 위상을 공고히 하기 위해 핵심 국가들과의 유대 관계를 더욱 강화하여 강력한 협조 세력을 구축하는 접근 프로세스 마련이 필요하다.

하지만 현재 대한민국의 외교력은 그 존재감조차 확인할 수가 없다. 전 외교부 장관의 경우 UN 근무 커리어 이외 대한민국의 외교적 역량을 발휘하는 모습을 보인 적이 없으며 주요 국가 안보 현안 논의에서 제외된 경우가 비일비재하다는 것은 이미 모두가 알고 있는 사실이다.

대한민국은 더욱 복잡해지는 동북아, 동남아 역내 외교, 정치, 국방 문제를 두고 역내 주도권을 확보하는 한편 힘의 균형 변화에 대비한 선제적 전략 구상을 마련해야 할 당면 과제를 가지고 있다. 사실 포스트 코로나 시대는 우리에게 고통이자 새로운 길로 나아가는 기회가 될 것이다. 반드시 이 혼돈의 시대를 기회로 삼아 주도적으로 활용한 국가 정책과 방향을 수립해야 하는 당위성은 여기에서부터 시작한다.

**키워드**
- 역내 안보 공동체 주도권 확보를 위한 전향적 노력 시급
- 의례적 행사 참가가 아닌 보다 적극적 참여로 리더 위치 확보 필요

# 미래 지향적 한미동맹,
# ASEAN 다자 안보 협력 체계 구축

아시아~태평양 권역은 세계 인구의 40%, GDP의 52%, 세계 교역량의 45%를 점유하고 있다. 따라서 대한민국으로서는 가장 중요한 안보, 경제 분야의 파트너일 수밖에 없다. 게다가 지난 수천 년간 상호 침략의 역사를 가진 한·중·일 3개국은 세계 경제력의 25%를 차지하고 있는 강력한 경제력을 구축하고 있다. 더욱이 이들 3개국의 인구는 무려 15억 3,800만 명에 이르며 GDP는 15조 3천억 달러 규모이고 무역 교역량은 6조 7,800억 달러에 이른다.

그러하기에 우리 대한민국이 후손들에게 역내에서 주도권을 가진 국가를 물려주기 위해서는 다자 안보 협력 체계의 구심점이 되어 국가 안보를 튼튼히 하고 높은 수준의 경제력을 공고히 하여야 한다. 따라서 포스트 코로나 시대, 동아시아 권역에서 다자 안보 협력의 지향점은 다음과 같다.

첫째, 강력한 한미동맹을 기반으로 ASEAN 국가들과 다자 안보 협력을 강화해 나가되 과거 국가를 망국으로 이끌었던 조선 시대 당파 싸움과 같은 정치인들의 탁상공론적인 편협한 사고가 아닌 대한민국의 대외 전략적 실익과 실효적 국익 보호 전략이 뒷받침되어야 한다. 무엇보다도 미국 주도의 인도~태평양 전략과 중국 주도의 일대일로 전략이 충돌하는 시점에서 국익을 극대화하는 방향으로 노선을 명확히 하고 일관되게 나아가야 할 것이다.

현실을 직시해 보자. 6·25 남침 전쟁의 가해자이자 아직까지도 공산주의 국가인 중국과 북한은 지속적으로 대한민국의 '전략적 보험'인 한미연합사 해체와 유엔사 해체, 그리고 전시(戰時) 작전권 전환을 지속적으로 주장하고 있다. 특히 전시 작전권의 경우 말 그대로 평시가 아닌 '전쟁이 발생할 경우'를 상정한 것이다. 즉 대한민국이 다른 국가의 침입을 받을 경우 한미상호 방위조약에 따라 자동적으로 미군과 첨단 장비들이 즉각적으로 전선으로 투입되고 세계 최강의 전투력과 수많은 전쟁 수행 경험을 가진 미군의 수뇌부가 사실상 '전쟁 수행 경험'이 전무한 한국군의 지휘부와 국군을 지원하고 한미 연합군을 지휘하여 전장(戰場)을 통제하는 시스템이다. 이는 사실상 우리 대한민국에게 '매우 유리한 약관이 평생 보장되는 완벽한 재해(災害) 보험'과 같은 것이다.

진실은 일반적 인식과 다를 수도 있다는 것인데 미국의 입장에서 보면 한미상호방위조약은 제2차 세계대전 이후 갑작스럽게 발생한 6·25전쟁이라는 혼란의 시기에 제2차 세계대전 최대 전승국의 권위 속에서 불가피하게 떠맡게 된 '책임만 많은 불평등조약으로 평가'될 수도 있다. 6·25전쟁이 발발한 지 70년이 지난 이후 트럼프 행정부의 방위비 인상 요구도 그러한 의미에서 그 맥을 같이 한다. 현실적으로 대한민국에 있어서는 안보, 경제적 측면에서 한쪽(한반도 권역)의 위기 요소는 최소화시키는 동시에 다른 한쪽(동아시아 권역)에 매진할 수 있는 최고의 전략적 자산이기도 하다.

게다가 일부 정치 집단의 편향된 역사 인식과 정치적 목적을 달성하기 위해 프로파간다하고 있는 일본과의 갈등 조장 역시 결코 대한민국의 실익이 없는 행위에 불과하다. 과거 지향적 사고방식으로 무조건 과거의 역사에 집착할 필요는 없다. 우리 대한민국은 과거가 아닌 미래를 대비하고 앞으로 전진하는 미래 지향적 국가 전략을 수립하여야 한다.

대한민국은 더 이상 외교권이 중국에 귀속된 속국 조선이 아니다. 1910년 조선을 병합했던 일본조차 히로시마, 나가사키 원폭 투하 이후 일본 제국주의를 이끌었던 권력 집단이 모두 숙청되고 미국 군정에 의해 자유주의, 민주주의, 시장경제 체계가 정착한 자유 진영의 우방일 뿐이다. 다만 중국은 6·25전쟁 시 북한을 군사적으로 지원하여 대한민국의 국토를 유린하고 수백만 명의 사상자를 만들어냈으며 아직까지 끝나지 않은 현재 진행형의 잔혹한 역사를 만들어낸 장본인이다.

더욱이 공산주의를 주창하며 인류 역사상 가장 많이 자국민을 학살하고 이웃 국가들을 침략한 러시아, 중국, 북한이 '핵무기'를 보유하고 있는 이상 동북아 지역에서 대한민국은 현재 보유한 재래식 군사력으로는 적대 세력과 홀로 대적할 능력이 없다는 냉엄한 현실을 인식해야 한다. 그들이 핵무기를 포기하지 않는 이상, 한미동맹, 더 나아가 한미일 군사 협력 체계를 구축함으로써 러시아, 중국, 북한의 근본적 안보 위협을 제거하고 ASEAN 국가들과의 다자 안보 협력 체계를 공고히 하는 것이야말로 가장 현실적이고 합리적인 대한민국의 미래 지향적 안보 시스템 구축 모델이 될 수 있다.

둘째, 이번 코로나 바이러스에 의한 팬데믹 사태 이후 국제 사회 특히, ASEAN 국가들과의 다자 안보 협력 체계인 ASEAN+3 내에서 한국의 역할과 위상을 공고히 하는 치밀한 접근 전략을 반드시 수립하여야 한다. 이번 코로나 사태는 우리 대한민국에게 더 없이 좋은 기회가 될 것이다. 그간 우리 대한민국은 높은 수준의 학구열의 결과로 세계를 선도할 수 있는 의학 과학 기술 분야에 있어 놀라운 성장을 이루어냈다. 이제 그 발전된 의학 과학 기술을 바탕으로 동아시아를 선도하는 국가로 자리매김하게 될 것이다.

그리고 역내 역할 확대와 ASEAN 국가들과의 협력 강화는 자연스럽게 인도~태평양 전략에 편승하게 되는 계기가 될 것이다. 또한 세계적으로 입증된 바이러스 확산 대응 능력을 기반으로 ASEAN 국가들을 대상으로 교육 훈련, 인력 파견 및 장비 제공 등을 실행함으로써 중국, 일본과 같이 막대한 자금으로 매수하는 행위가 아닌 생명을 지켜주는 인도적 행위로 많은 국가를 점진적으로 우군화하는 전략을 추진하여야 할 것이다.

셋째, 포스트 코로나 시대, 다자 안보 협력 체계의 핵심 목표는 대한민국의 평화와 번영이며, 자유주의, 민주주의, 시장경제 체계를 더욱 확고히 하여야 한다. 직접적으로 국경과 영해 그리고 우리 선박의 핵심 해상 교통로에 접하고 있는 동아시아 권내에서 우리 대한민국의 국격을 한층 더 높이는 방향으로 모든 정책을 수립해야 한다. 이러한 무형의 권한 확대는 동아시아권 국가에 이주하였거나 여행 중인 우리 국민들의 개인 안전을 보장하는 든든한 뒷받침이 될 것이다.

그러나 이데올로기, 인종, 종교, 문화 등의 문제로 ASEAN 다자 안보 협력 체계에서 이해 관계가 상당히 복잡한 만큼 모두의 입장을 만족시킬 수는 없다. 이런 점에서 보다 냉정하고 과학적 분석을 통한 국익 극대화에 집중해야 한다. 이를 위해서는 ASEAN 국방장관회의의 주요 아젠다인 사이버 테러 위협 제거, 재난 구호 활동, 마약 퇴치, PKO 활동 등 통상적 수준의 안보 협력 활동보다는 생물학전 위협 대응력 강화에 집중해야 한다.

무엇보다도 역내에서 실효적 리더십을 확보하고 이를 공고히 한다는 차원에서 실질적 수단인 ADMM-Plus를 주도적으로 이끌고 선도적으로 세균 및 바이러스를 이용한 생물학전 공동 대응 매뉴얼을 만들어내 이를 국제 사회에 표준으로 삼을 필요가 있다. 이는 다자간 안보 협력 체계의 주도권 확보에 핵심적 역할을 할 것이며, 폐쇄적인 ASEAN 국가들과의 관계 속에서 리더십을 확보하고 국가 경제 부흥에 크나큰 역할을 할 것이다.

우리 인류는 코로나 바이러스로 인해 다시 돌아갈 수 없는 전혀 새로운 뉴노멀의 시대에 진입하였다. 포스트 코로나 시대에 본격 진입한 지금 우리 대한민국은 낡은 사상에 얽매여 있는 정치인들이 아닌 전문 외교관들이, 4차 산업혁명을 주도하는 과학자들이, 인류애에 기반을 둔 철학자들이 중심이 되어 새로운 가치관을 정립하고 기존의 관념과 이념적 틀에서 빨리 벗어나 시대의 변화에 발맞춰 변화가 아니면 생존할 수 없다는 확고한 신념을 정립하고 확산시켜야 한다. 이로써 한반도 안보를 보장하는 미래 지향적 다자 안보 협력 체계를 구축하고 더욱 발전시켜 나아가야 한다. 그것이야말로 우리 후손들에게 인계할 자랑스러운 대한민국의 미래인 것이다.

**키워드**
- 대한민국 안보의 실질적 위협이 누구인가를 명확히 파악
- ADMM-Plus를 선도하는 국가 위상 확립

# 국가 위기 관리 및
# 국가 정보 관리 시스템의 선진화

# COVID-19 팬데믹과
# 국가 정보 시스템의 한계 노출

국가 정보(National Intelligence)란 무엇인가? 좌파 정치 그룹에 의해 무차별적으로 재단되고 있는 국가 정보 기관의 역할과 임무의 축소를 목도하고 있는 지금 이 근원적 문제를 재인식해야 한다. 무엇보다도 첩보 수집 및 정보 분석으로 대변되는 국가 정보 활동은 과연 누구를 위한 것이며 무엇을 해야 하는 것인가에 대한 신중하고도 근본적인 검토가 필요하다.

2020년 COVID-19 또는 코로나 바이러스로도 불리는 '우한 폐렴 바이러스'의 급속한 확산과 팬데믹 현상으로 우리 대한민국은 물론 전 세계에 엄청난 사회적 혼란이 일어났다. 그로 인한 막대한 경제적, 인명적 피해를 입었으며 그 악영향은 한동안 지속될 것으로 분석되고 있다.

기존의 치료 시스템을 무력화시키는 변종 바이러스에 의한 신종 감염병에 의한 피해는 최근 수년간 연속적으로 확산된 사스, 메르스에서 볼 수 있듯이 이번 코로나 팬더믹을 극복한다고 하여 완벽하게 끝나지는 않을 것이다. 더욱이 또 다른 바이러스의 공격 행위가 앞으로도 자연적 또는 인위적으로도 발생할 수 있다는 점이 가장 큰 문제이다.

중세 흑사병으로 대표되는, 인류사에 있어 크나큰 고난의 시기를 지금 다시 겪고 있으며 신종 감염병의 확산은 과거 전통적 안보의 개념을 넘어선 전

인류를 대상으로 하는 공포의 대상이 되고 있다.

과거와 달리 현대에 와서는 정보 통신의 발전으로 전 세계에서 발생하는 모든 일이 우리 눈 앞에 즉각적으로 펼쳐진다. 이를 토대로 하는 공개 출처 정보(Open Source Intelligence, Osint)의 의존도가 급격히 올라가는 현상을 보이는 한편, 전통적 정보 수집의 방법이던 휴민트(Humint, 인간 정보)의 비중보다는 과학 기술을 이용한 테킨트(Techint, 기술 정보)를 중요시하는 쪽으로 첩보 수집 방법이 변화하고 있다.

정보전(情報戰)은 '총성 없는 전쟁'이라고 불린다. 아이러니하게도 COVID-19 바이러스는 어떠한 소리도 없이 우리에게 접근하였으며 이러한 바이러스 전염에 의한 지속적인 위협은 국경 등 지리적, 물리적 환경을 초월할 뿐더러 언제든지 어느 곳에서든지 또다시 발생할 수 있다는 불확실성까지 내포하고 있다.

눈으로 즉각 확인할 수 없다는 점에서, 그리고 그 피해가 막심하다는 점에서 신종 바이러스와 세균에 대한 즉각적인 대응은 국가가 가장 우선시해야 할 가장 큰 국가 안전 보장의 요건일 수밖에 없다. 그러나 이번 우한 폐렴 바이러스 확산 사태에서 볼 수 있듯이 '바이러스가 발생한 국가의 사실 은폐'와 즉각적인 '정보 미공유'는 속수무책으로 주변국을 시작으로 전 세계로 바이러스가 일순간에 확산되는 결과를 낳았다.

물론 바이러스 발생 국가가 국가 신인도 및 국제 통상 등의 악영향을 고려하여 대외 공개를 기피할 수도 있다. 더욱이 중공과 같은 공산주의 국가의 경우 '강력한 언론 통제'로 인해 신속하고 정확한 사실 관계 확인에 한계가 발생할 수밖에 없다. 이번 코로나 팬데믹 사태는 테킨트에 치중한 첩보 수집의 한계를 분명히 보여주었을 뿐만 아니라 주변국을 대상으로 하는 '보다 높은 수준의 휴민트의 중요성'을 다시금 확인하는 계기가 되었다.

무엇보다도 신종 바이러스가 자연적으로 발생한 것이 아니라 만일 악의를 가진 국가에 의해 만들어진 생물학 무기일 경우 그 피해 규모는 예측할 수조차 없다. 인간의 게놈(유전체) 빅데이터까지 완벽하게 분석된 오늘날의 과학 기술을 고려할 경우 바이오 기술과 접목하여 특정 인종, 특정 지역에만 적용되는 생물학 무기 개발에 악용될 수도 있다는 우려를 낳기도 한다.

이번 우한 폐렴 바이러스가 박쥐에 의해 전파된 바이러스였을지 아니면 중공의 군부에서 생물학 무기를 개발하던 중 실수로 유출된 바이러스였는지 간에 우리가 그 엄청난 전파력에 대해 각성하는 계기가 되었다. 다시 말해 우리 인류는 자연 발생적 변종 바이러스는 물론 군사적으로 고효율성을 지닌 생물학 무기 위협에 노출되었다는 것을 의미한다.

이제 인류는 학습 효과에 기인하여 테러리즘 및 전쟁 양상 변화에 봉착하게 되었으며 사이버전과 더불어 군인들이 직접 나서는 전쟁 이전에 군 자체를 무력화시키는 새로운 전장(戰場) 환경에 놓이게 되었다. 무엇보다도 이를 대비하기 위해서는 그 물리적 전쟁 이전 단계인 정보전에 있어 우위를 선점해야만 한다는 것과 과학 기술의 발전과 함께 부각된 테킨트의 한계를 극복할 휴민트의 중요성을 재인식시키는 계기가 되었다.

**키워드**
- 코로나 팬데믹은 국가 위기 관리 시스템의 현실을 보여주는 바로미터
- 국가 안보의 최우선은 국가 정보 시스템의 안정화가 밑바탕
- 테킨드 기반, 보다 높은 수준의 휴민트가 필요한 시점

# 국정원 개혁 주장은
# 좌파 정치 그룹의 자가당착에 불과

일반적으로 정보전은 물리적 전쟁 이전에 그 결과를 이미 결정지을 수 있는 가장 핵심적인 선행 수단이다. 물리적 전쟁 이전의 정보전에서 이긴 국가는 본격적인 전쟁 이전에 적국을 굴복시킬 수 있으며 혹여 전쟁이 발발하더라도 자국(自國)의 피해를 최소화하면서 전쟁에서 승리할 수 있다.

따라서 신종 바이러스에 의한 감염병과의 총성 없는 전쟁을 수행하는 정보전은 국가와 국민의 피해를 최소화할 수 있는 유일한 방법이라고 할 수 있다. 정보전에서는 지금까지와 같이 경험에 의한 추측과 직감, 그리고 정치 권력 집단의 헤게모니를 유지하기 위한 정무적 판단을 배제하고 오직 과학적인 증거와 데이터를 수집하고 전문가들에 의한 면밀한 분석에 기반을 두어야 한다.

무엇보다도 국가 안보와 국민의 생명을 보호하기 위한 선제적 조기 경보 능력과 이를 현실화할 수 있는 고도의 공작 능력과 장기간 구축된 휴민트에 기반으로 둔 뛰어난 첩보 수집과 과학적인 정보 분석 능력이 부합되어야 한다.

그러나 코로나 바이러스가 국가의 경제를 마비시키고 국민의 건강을 위협하는 동안에 우리 대한민국의 국가 정보 시스템은 무엇을 하였으며 지금 무엇을 하고 있는가? 이제 정치 세력에 휘둘리는 정보 기관에서 벗어나는 한편 구시대적 국가 정보 관리 체계를 탈피하고 국민의 생명을 지키기 위한 안정적 국가 위기 관리 시스템을 지원하기 위한 효과적인 국가 정보 관리 체계를 반드시 구축해야만 한다.

게다가 4차 산업혁명과 함께 시작된 과학 기술의 발전과 경제 산업 구조의 변화와 급변하는 국제 안보, 경제 변화 속에서 국가의 주권과 국민의 권익을 보다 현실적으로 보호하기 위해서는 보다 강력한 수준의 정보 활동이 보장되어야 하며 이를 해결하기 위한 고도의 전략 접근이 필요하다.

그동안 국가의 미래를 대비해야 하는 대한민국 국가 정보 시스템의 최고 기관인 국가정보원의 첩보 수집 및 분석 능력의 문제는 무엇인지와 무엇을 개선 발전시켜야 할 지에 대해 논의 자체에 없었던 것은 안타까운 현실이다. 지난 2017년 3월 박근혜 전 대통령의 탄핵 결정과 연계하여 지속되고 있는 좌파 정치 그룹에 의한 정보 기관 역할 축소 주장은 국가정보원은 물론 여타 정보 조직들의 첩보 수집 및 정보 분석 기능, 핵심 국가 정책 지원 시스템을 마비시켰다. 뿐만 아니라 수십 년에 걸쳐 구축된 휴민트의 핵심 기반 첩보 수집망을 일시에 무력화시키는 결과를 초래하고 있다.

좌파 정치 그룹이 주장하는 국정원 개혁의 주된 내용은, 한 국가 정보 기관의 최고 핵심 업무인 국내 첩보 수집 및 정보 분석, 방첩 업무를 중단하고 국외 정보 수집에 집중하는 정보 기관으로 변화시키자는 것이다. 그러나 이러한 주장은 오직 정치적 목적 달성을 위한 탁상공론적, 자가당착적 주장에 불과하다는 것이 모든 정보 분야 전문가들의 공통된 의견이다.

이미 세상은 국내 정보, 국외 정보의 구분이 모호한 시대에 와 있다. 유비쿼터스(Ubiquitous)란 용어가 사용된 지 벌써 20년이 다 되어 가고 코로나 바이러스로 인한 언택트 시대에 봉착한 지금 국내외 첩보 수집의 출처 구분조차 모호해지고 있는 것이 현실이다.

대한민국 경제에 영향을 주는 글로벌 기업과 이 기업의 한국 법인에 대한 산업 경제 정보 수집은 국외 정보 수집의 범주인가? 아니면 국내 기업에 대한 정보 수집의 범주인가? 예를 들어 삼성전자 직원의 중국 기업으로의 취업은 중국 IT 산업 발전에 대한 이야기인가? 아니면 국내 핵심 기술 또는 전략 기술의 유출 문제인가?

앞서 이야기한 바와 같이 이미 세상은 국내 정보와 국외 정보의 물리적 구분이 아닌 시간과 공간으로 초월한 융합된 정보 통합 시대에 와 있다. 첩보 수집 및 정보 분석 업무에 있어 국내와 국외를 구분하는 것 자체가 전근대적인 발상에 불과하고 국내에서의 첩보 수집 및 정보 분석 활동을 중단시키려는 악의적 목적에 불과하다고 볼 수 있다.

무엇보다도 국정원법 개정도 이루어지지 않은 상태에서조차 법적으로 보장된 국내 첩보 수집 및 정보 분석 활동 기능을 행정 명령으로 중단시켰던 것은 그 자체에 위법적 요인을 내포하고 있다. 가장 큰 문제는 국가 안보와 국민을 지키는 국가 정보 관리 업무가 정치 논리, 언론 플레이에 떠밀려 자신의 목숨도 초개와 같이 던질 수 있는 국가정보원 직원들은 자부심과 자존감을 상실하고 그 업무를 올바르게 수행할 수 없는 지경이라는 것이다.

결국 이러한 장기간의 혼선 속에서 COVID-19로 인한 초유의 사태가 발생하였는데도 불구하고 국가 위기 상황에 대한 조기 경보 임무를 수행하고 위기 극복을 위한 전방위적 방안을 강구하고 모색해야 할 정보 기관의 존재감은 어디에서도 찾아볼 수 없게 되었다. 또 국가 운영에 이바지해야 할 국가정보원은 외압에 의하여 그 역할을 착실히 수행하기에는 물리적 한계에 봉착해 있다는 것은 우리 대한민국 국가 정보 시스템의 안타까운 현실이다.

**키워드**

- 국가정보원에 대한 정치적 외압은 이제 그만
- 국가 정보 요원들이 신념을 가지고 일할 수 있도록 국민적 신뢰 회복이 급선무
- 글로벌 시대에는 국내, 국외 정보의 구분이 모호

# 국가정보원은 '프로페셔널 인텔리전스'로 거듭나야

　좌파 정치 그룹에 의해 억압되어 국가 정보 기관의 역량과 존재감이 약해져가는 현실 속에서 다시 한번 의문을 가져본다. 국가 위급 상황에 대한 즉각적이고 신속한 조기 경보 업무를 수행해야 하는 대한민국의 국가 정보 기관들은 중국 우한에서 COVID-19 바이러스가 발생하고 급속도로 확산되는 과정에서 과연 무엇을 하였는가?

　국가 정보 기관의 요원들이 일반 행정직 공무원들보다 더 철저한 명령 체계를 가지고 '고강도 사회적 거리두기'를 이행토록 하여 정보 기관 요원 중 확진자가 한 명도 없었다며 이것은 자랑할 만한 것인가? 그렇다면 국가 정보 기관의 정보 요원 중 누가 신속한 첩보를 수집하고 무엇을 분석하고 무슨 정보를 생산해낼 수 있었겠는가?

　물론 현실 속에서의 정보 요원들은 제이슨 본이나 제임스 본드와 같은 영화 속의 첩보 요원들과는 다르다. 영화 속의 주인공들처럼 화려한 액션이나 우수한 사격술이 아닌 오직 자기 희생적 신념과 국가관, 그리고 사명감을 가지고 국내외를 막론한 최전방에서 끊임 없는 첩보 수집과 정보 분석으로 '총성 없는 전쟁'을 수행하는 '프로페셔널'이다. 그러한 정보 기관과 정보 요원이, 국민이 희망하는 국가 정보 기관 요원들의 참모습이기도 하다.

이는 설령 국방부가 군대의 감염병 확산으로 막기 위해 외출을 금지하더라도 이미 각 부대별로 배치된 위치에서 조선민주주의인민공화국(북한)이라는 주위협에 맞서 본연의 업무를 성실히 수행하고 있었다는 것과 다르다. 정보 기관과 정보 요원들의 역할은 분명히 지정된 구역을 방어하는 군부대와 군인들과는 다르기에 일반 공무원들과 똑같은 수준의 조직 운영과 업무 수행을 하고 있으면 안 된다는 것이다. 그리고 그들이 일반 공무원들보다 많은 급여를 받는 이유도 거기에 있다.

국가와 국민에게 즉각적으로 필요한 첩보와 정보란 것은 국내 대표적 유통망 플랫폼인 쿠팡의 로켓 배송처럼 주문한다고 저절로 누군가가 가져다주는 것이 아니다. 오히려 국가 정보 기관의 요원들의 역할은 국가와 국민이 필요한 첩보, 정보를 시간과 장소에 구애받지 않고 보다 빠르게 수집하고 분석하여 전달해야 하는 로켓 배송원에 가까울 것이다.

현실적으로 지금 좌파 정치 그룹이 국가정보원의 개혁을 빌미로 조직을 와해시키고 있는 가운데 보다 실질적이고 면밀하게 국정원 운영상의 문제점을 고민해 보자.

사실 1961년 6월 10일 국가재건최고회의 소속으로 '중앙정보부'가 창설된 이래 수차례 명칭이 바뀌기는 하였으나 창설 당시에 고착된 폐쇄적 조직 분위기와 업무 프로세스, 그리고 전근대적 정보 요원 모집과 체계적이지 못한 인사 운용으로는 예측할 시간과 기회도 없이 발생하는 다양한 신종 위협에 대한 정보를 신속히 수집, 분석하기에 이미 한계에 봉착하였다.

이는 아직까지도 국내 정보 기관들이 후진국형 정보 기관의 모습을 가지고 있다는 점을 보여준다. 무엇보다도 국내 정보 부서와 국외 정보 부서로 정보의 영역을 물리적으로 분리하고 국정원장이라는 한 명의 수장 밑에서 국가 정보의 독점권을 가지고 운영하고 있다는 것이 문제일 수도 있다.

물론 효율적이고 유기적으로 운영된다면 아주 큰 장점도 있다. 그러나 현실은 그와 달라서 국가정보원의 국내, 국외 부서의 유기적이고 효율적인 업무 협력은 쉽지 않으며 유사 업무에 있어 부서별로 담당 인력이 중첩되기도 한다. 예를 들어 국가 중요 부처 또는 주요 기업의 경우 한 명의 간부급 직원을 상대로 국정원 내 각 부서의 담당 요원들이 각자 별도 접촉을 하는 등 기이한 현상까지 초래한다는 이야기도 심심치 않게 들리고 있다.

무엇보다도 앞서 이야기한 바와 같이 국내 부서와 국외 부서의 구분은 전근대적 개념에 불과하다. 그러나 아직까지도 국내 부서, 국외 부서의 구분에 대한 집착으로 효율적 첩보의 수집과 정보의 분석 그리고 정보의 융합에는 심각한 한계를 초래하기도 한다. 그리고 그러한 논리로 국내 정보 부서를 해체하고 최초의 좌파 정권 시절 만들어진 '국가정보원'이라는 이름조차 '대외안보정보원'으로 변경하려 했던 것이다.

미국, 이스라엘, 일본 등 정보 선진국의 정보 기관들은 후진국형, 독재 국가형 친위 조직으로 권위를 앞세우고 강압적으로 정보 업무를 수행하지 않는다. 그들은 고도의 공작 전문가들이 장기간의 시간과 예산을 투입하여 구축한 정보망과 그것을 활용한 체계적이고 은밀한 첩보 수집과 분석, 그리고 정보 생산이라는 기본적 업무 프로세스를 잘 유지하고 있다.

그러나 아쉽게도 영화가 아닌 현실 속의 우리 정보 기관들은 그 어느 한 가지도 올바르게 수행하지 못하고 있다. 이는 무엇보다도 국내 정치 시스템의 후진성과 국가 정보 기관으로서의 독자성을 보장하지 않는 미숙한 운영에 기인한다고 볼 수 있다.

**키워드**

- 선진국형 국가 정보 기관으로 빌진 시급
- 각국의 정보 기관은 합법적이 아닌 합목적성에 따라 운용되는 조직
- 정보 기관의 명칭은 무의미, 무엇을 할 수 있느냐가 핵심

# 정보 기관이 아닌 권력 기관으로 악용하는 정치 그룹이 문제

무엇보다도 명심해야 할 것은 정보 기관은 정보 기관일 뿐 권력 기관이 아니라는 점이다. 그러나 대한민국의 경우 정권을 장악한 정치인들은 국가 정보 기관이 본연의 임무를 할 수 없도록 하고 있다. 아직까지도 대한민국의 정치 그룹은 국가정보원을 순수 정보 기관으로서의 독자성 보장인 아닌 오직 국가 정보를 독점하여 권력을 유지할 수 있도록 정치적으로 이용할 수 있는 조직으로 인식하고 있다.

특히 좌파 정치 그룹의 핵심 리더들의 경우 대부분 과거 국가보안법 위반으로 정보 기관의 수사를 받거나 복역한 기억을 가지고 있어 국가 정보 기관은 오직 해체 또는 복수의 대상이라는 것이다. 과거 김대중 정권 시절인 1998~1999년 호남 인사로만 구성된 속칭 순화조가 581명의 대공(對共) 정보 요원을 강제 퇴직시킨 사례(영남 출신 47%, 수도권 출신 23%, 충청 출신 17% 등)가 있다.

지금도 그 시절과 유사하게 이전 정부에서 자유주의, 민주주의, 시장경제 시스템을 지키려는 했던 수많은 우국충정의 정보 요원들을 일순간에 '적폐'라는 프레임에 몰아넣어 우수 정보 요원들을 도태시켰다. 또 국내 파트 핵심 부서와 조직을 해체하고 와해시켜버리거나 정권에 충성 맹세한 정치성이 강한 인사들을 진급시키고 주요 보직에 전진 배치하고 있다는 것이다.

정보 기관은 있는 그대로의 첩보를 수집하고 정보를 생산하고 그 생산된 정보의 취사(取捨)에 대해서는 대통령을 비롯하여 해당 부처에서 판단하고 결정하면 된다. 그뿐이다. 그리고 그 정보의 내용이 입맛에 안 맞더라도 정보 기관을 옥죄거나 정보 요원을 억압해서는 안 된다. 그러나 현실은 그렇지 않다.

정보 기관의 요원은 공무를 수행하나 공무원이 아니다. 다시 말해 부여된 임무를 적극적으로 수행하도록 그에 걸맞는 권한을 행사할 수 있는 직책은 필요하지만, 단순히 일반 공무원들과 같은 연공서열식의 직급은 필요하지 않다는 의미이기도 하다. 한때 직급이 아닌 직책 위주의 인력 관리에 대한 논의도 있었으나 그대로 흐지부지된 바 있다. 국가 정보 기관의 요원들은 국가의 안보를 위하여 '합법적 목표가 아닌 합목적성'을 가지고 개인의 역량을 최대한 발휘하여 임무를 완벽히 수행하는 '프로페셔널 인텔리전스(professional intelligence)'들로 구성된 전문가 집단이어야 한다.

또한 현실적으로 미국과 같은 막대한 정보 예산을 투입하여 전 세계를 상대하는 정보 기관이 아닌 대한민국 현실을 고려하여 '특성화된 정보 기관'으로의 탈바꿈이 필요하다. 정치적 목적이 아닌 그러한 개념과 철학을 가지고 개편 작업을 하여야 한다. 또한 전통적 안보를 넘어 선 테러리즘, 사이버 테러리즘, 감염병 등 신종 위협이 지속적으로 발생할 수밖에 없는 시대에 봉착한 만큼 국가 정보 기관이 수행해야 할 임무는 그 다양한 위협의 특성 속에서 답을 찾을 수 있다. 앞에 적은 신종 위협들은 시간과 공간을 초월한 '초연결 사회' 속에서 전 세계적으로, 동시다발적으로 발생할 수 있으며 지금 이 순간에도 실시간 확산되고 있다.

따라서 국가 정보 기관은 이러한 시대 변화에 신속히 적응할 수 있도록 변화하여야 한다. 그리고 정치적 목적이 아닌 실질적 위협으로부터 국가와 국민을 보호하기 위하여 조직 운영을 전면 재검토하고 물리적으로 국내외 구분 없이 목표 임무에 완벽히 수행할 수 있도록 융합성에 근간으로 두고 조직을 재편성하는 것까지 검토해야 한다. 그러나 현실은 그와 달라서 국가정보원의 업무 역량을 제한하고 국가 정보 기관의 실질적 활동 범위를 축소하는 방향으로 변질되어 가고 있다.

**키워드**
- 정보 기관은 당초 권력 기관이 아니다. 정권을 잡은 정치인들의 농단에 불과
- 초연결 사회 속에서 선진국형 정보 활동 방법론 재검토 시급

# 국가 정보 활동 패러다임을 변화, 역량을 강화하는 선진국들

2001년 '9·11 테러 사건'은 건국 이래 최초로 본토를 직접 공격받은 사건으로 그 충격과 공포는 실로 엄청났으며 이는 모든 미국인의 가슴 속 깊이 각인되었다. 전 세계적으로 막강한 정보력을 가지고 있던 미국은, 미국 본토 내에서의 유사 테러 방지를 위해 정부 차원의 깊은 반성과 함께 사전 테러 정보 수집 실패에 대한 원인을 분석하고 국가 정보 시스템을 대거 재편하였다.

잘 알려져 있는 국외 정보 담당 중앙정보부(CIA), 국내 정보 담당 연방수사국(FBI) 그리고 국토안보부(DHS), 국가안전보장국(NSA), 국방정보국(DIA), 국가정찰처(NRO), 재무(OIA), 마약청(NSI) 등 16개 정보 기관 간의 신속 정확한 정보 교류의 실패가 사건의 주요 원인으로 대두됨에 따라 16개 정보 기관을 통합 관리하는 국가정보국(DNI)을 신설하였다. 국가정보국(DNI)으로 하여금 16개 정보 기관에서 제공하는 정보들을 융합하고 종합적으로 분석하게 하며 이에 각 기관 운영에 필요한 정보 예산의 결정권과 통제권을 부여하였다.

또한 정보 요원의 국가 공무원이라는 신분상의 제약성을 탈피하고 보다 효율적으로 국가 정보 업무를 수행하기 위하여 고도의 전문 인력을 활용하면서 보다 폭넓고 융통성 있는 정보 활동을 보완하고자 '민간 정보 기업(PIC,

Privity Intelligence Company)'을 적극 활용하여 '민관 협력의 국가 정보 시스템'을 구축하고 있다.

대한민국의 경우 최고 정보 기관인 국가정보원(NIS)을 중심으로 각 부문 정보 기관인 군사안보지원사령부(옛 기무사), 국방정보본부, 국방정보사령부, 사이버작전사령부, 경찰청(정보), 해양경찰청(정보) 등과 협력하여 업무를 수행하고 있다.

전 세계를 상대로 활동하는 미국의 정보 기관과는 달리 대한민국 정보 기관은 그 정보 활동의 범위와 예산 규모가 차이날 수밖에 없다. 그런 점에서 지금 진행 중인 정치적 목적의 국정원 개혁이 아닌 오랜 기간 국가 차원의 정보 업무를 수행한 전문성과 정보 융합 기능을 가진 국가정보원을 중심으로 각 부문 정보 기관의 중복 업무를 재조정하고 효율적 예산 배정과 함께 상호 간 협력 체계 재구축하는 것이 보다 시급한 일이다.

가깝고도 먼 나라, 일본의 경우 정보 기관은 아주 특이한 구조를 유지하고 있다. 국가 운영에 필요한 국내 첩보 수집 활동은 '공안조사청(PSIA)'이 담당하고 있으며, 국외 정보 업무는 '내각정보조사실(內閣情報調査室, CIRO, Cabinet Intelligence and Research Office)'이 그 역할을 담당하고 있다. 그런데 놀랍게도 내각조사실(CIRO)의 상주 인력은 300여 명에 불과하다. 내각정보조사실은 적은 인력에도 불구하고 막강한 정보 수집, 분석력을 보유하고 있다. 그런데 어떻게 그러한 일이 가능할까?

일본의 국가 정보 관리 시스템을 자세히 살펴보면, 정보 기관 소속의 공무원에 의한 제한된 첩보 수집에 의존하기보다는 경제, 산업, 언론 등 각 분야에서 실무에 종사하고 있는 기업의 국외 주재원, 언론사 특파원 등과의 긴밀한 관계를 유지하며 이를 통해 보다 정확한 첩보 수집을 하고 있다. 다시 말해 외국에 파견된 주재원, 특파원들은 보다 큰 국익을 생각하며 직간접적으로 일본 정보 기관을 위해 일하고 있다는 것이다.

이와 함께 비공식적으로 재단법인 '세계정경조사회', 사단법인 '동남아시아조사회', 국제정세연구회, 국민출판협회, 민주주의연구회' 등 민간 연구기관에 국내외 첩보 수집 및 정보 분석 업무를 위탁하고 있다. 또한 한 발 더 나아가 국가 정보 예산을 활용하여 미국 등 국외 유수의 연구 기관 및 단체에 기부금 형태의 정보비를 제공하고 있다. 이로써 각국의 엘리트들로부터 고급 정보를 습득하는 한편 장기간 우군화 작업을 통해 각종 정책 수립에 있어 일본에 보다 유리한 연구 결과를 도출하도록 집중 관리하고 있다.

중국의 경우 일본의 국외 정보 활동 방식과 유사하게 비공식적 현지 정보 자산 확충에 집중하고 있다. 중국의 공식 국가 정보 기관인 '중화인민공화국 국가안전부' 예하에 대외 위장 단체로 '중국현대국제관계연구원, 국제관계학원, 장난[江南] 사회학원' 등을 두고 있다. 특히 2020년 1월 기준 162개 국가에 무려 545개의 '공자학원(孔子學院)'과 1,170개의 '공자학당(孔子學堂)'을 설치하고 현지 공작 활동 및 스파이 활동을 지원하는 한편 각 국가별 주요 인사 포섭 공작에 집중하고 있다.

이와 관련 지난 2018년 2월 미국 상원 정보위원회 청문회에 출석한 크리스토퍼 레이 FBI 국장은 '중국 정부가 공자학원을 중심으로 중국계 교수, 학생, 연구원들을 첩보 수집원으로 활용'하고 있음을 공식 확인시켜준 바 있다. 또 각 지역 공관을 통해 재미(在美) 중국인의 동향을 감시하는 거점으로도 악용되고 있다고 진술했다. 특히 지금 미국 정부는 '공자학원'을 간첩 집단으로 분류하고 미국 내 활동 중단에 집중하고 있다.

우리 대한민국도 마찬가지로 이러한 공자학원 확장을 차단하고 이들의 활동에 대한 감시 역량을 강화하며 대비하여야 한다.

앞에서 살펴본 것처럼 현재 미국, 일본, 중국 등은 국가 정보 시스템의 운용 방식을 변화시키고 있다. 주요 국가의 정보 기관 운용 변화 실태를 면밀히 분석하고 국가 예산의 효율적 운용과 함께 살아 있는 첩보의 수집, 즉각 활용 가능한 정보 분석 활동 측면에서 국가 규모, 가용 예산 등 제반 요건을 고려할 경우 보다 현실적으로 일본 정보 기관의 역할과 조직, 업무 방식을 적극 준용하는 것도 효율적일 것이다.

**키워드**
- 선진국 정보 활동 역량을 분석, 적극 원용 필요
- 주적 북한은 물론 중국, 러시아, 일본 등 주변국 정보 활동 대응 능력 강화에 주력

# 세계 각국은 높은 수준의
# 국가간 협력적 정보 시스템 구축에 집중

미국은 9·11 테러 이후 국가 정보 관리 및 운영 체계의 패러다임을 전폭수정하였다. 즉 각 기관별 역할을 재조정하고 효율적 협력 관계를 재구축하였다. 또한 미국, 영국, 캐나다, 호주, 뉴질랜드 등 영미권 국가 5개국이 전 세계의 모든 통신망을 감청하여 신호 정보를 수집하고 분석하는 첨단 정보 감시망인 에셜론과 이를 활용하는 정보 협력체인 파이브 아이즈의 역할을 확대하고 있다.

대한민국의 경우 2020년에 와서야 대북(對北) 정보 공유를 목적으로 '파이브 아이즈+3(한국, 일본, 프랑스)'에 포함되었다. 여기에서 짚고 넘어가야 할 것이 바로 '파이브 아이즈+3'에 동참하는 것은 예전에 그토록 좌파 정치 그룹이 한일 관계를 악화시키고 온 국민을 상대로 정치 이슈화시키는 데 악용하였던 '한일정보공유협정(GISOMIA)'의 내용과는 별반 차이가 없다는 것이다. 지소미아는 바로 우방 간 북한의 핵무기 개발과 미사일 정보 공유를 전제로 하는 협정이었다. 그럼에도 불구하고 좌파 정치 그룹은 실질적인 국가의 안보와 이익은 뒤로 한 채 2019년 한 해 동안 끊임없이 지소미아의 본질을 잘 모르는 국민들을 대상으로 반일 선동을 하였고 국론을 분열시켰다. 또 자유 우방들과의 외교 관계를 악화시키면서 국익에 손상을 준 것은 엄연한 사실이다. 그리고 좌파 정치 그룹은 이를 필요할 때마다 꺼내 들며 이슈화하고 있다. 다시 말해 지소미아 파기 주장은 하찮은 정치적 여론 선동에 불과하다. 이는 국가 정보 활동이 악의적 정치에 휘둘린 전형적인 사례인 것이다.

4차 산업혁명으로 대변되는 현대 국제 사회에서 국가 간의 정보 공유는 그만큼 중요한 사안이며 자유 우방 간의 신뢰를 대외적으로 공고히 하고 확인시킬 수 있는 바로미터이기도 하다. 대한민국의 현실을 고려 시 중국, 러시아, 북한, 쿠바, 이란, 시리아, 파키스탄 등 공산 독재 국가들을 주요 감시 대상국으로 지정하고 운영하는 에셜론 그룹에 전략적으로 편승하여 자유 우방들과 정보를 공유하는 것이 정치, 군사, 경제 모든 분야에 있어 큰 이익일 수밖에 없다. 국제 관계란 그런 것이고 국가의 정보 업무는 그런 것이다.

미국, 일본과 협력을 강화하고 자유 우방이자 정보 선진국 간의 정보 공유체에 자연스럽게 포함된다는 것은 그들과 공동의 이익선을 함께 한다는 것을 의미하며 보다 현실적으로 대한민국의 안보는 물론 경제 발전에도 크나큰 도움이 된다.

자유민주주의 국가 간의 국제적 정보 협력은, 지금 좌파 정치 그룹처럼 국가와 국민이 아닌 오직 자신들의 사상과 이익만을 위해 과거 500년간 중국의 속국이었다가 이미 사라진 조선 왕조의 맥을 이어 또다시 공산국가인 중국에 종속되기를 희망하면서 경거망동하며 단순하게 접근할 그런 분야가 아니라는 것을 다시 한번 강조한다.

'국가정보원' 명칭을 '대외안보정보원'으로 바꾸려 했으나 명칭만 바꾼다고 국외 정보 수집망이 갑자기 진일보한다거나, 현지 유력 인사가 갑자기 포섭되는 등 '하이 밸류(High Value) 휴민트'가 구축되는 것도 아니다.

더욱이 아시아인인 한국인이 영화 속의 주인공들처럼 동유럽, 서유럽, 중남미 등에서 뛰어난 근접 전투(CQC) 능력과 유창한 현지어를 구사하면서 첩보 활동을 하는 것 자체가 현실성이 떨어지는 이야기이다. 무엇보다도 대한민국의 국가 정보 기관은 국내 정보 활동을 베이스로 북한, 중국, 러시아에 대한 정보 능력을 강화하고 특성화된 정보 능력을 바탕으로 자유 우방 간의 '국제 정보 협력 체계'를 공고히 하는 편이 합리적이다.

잊혀진 과거의 사건을 소환해 보자. 한때 김정일의 후계자로도 대두되었던 '김정남'이라는 중요 인물이 지난 2017년 2월 13일 오전 아홉 시 말레이시아 공항에서 두 명의 여자에게 암살당했다. 바로 그 순간 국가정보원 국외 요원들이 그곳에 있었을까? 아니면 없었을까?

**키워드**
- 국제 정보 협력 강화를 위한 전향적 노력 필요
- 반일 감정 선동으로 한일 정보 교류 파기는 국익을 손상시키는 이적 행위

# 일류 정보 요원 확보, 독립성 보장이
# 선진 정보 기관으로 가는 첩경

　일류 정보 기관의 요원을 확보하는 방법 중 가장 현실적인 문제로 국가 최고 정보 기관인 국가정보원의 인력 운영 실태를 살펴보자. 기본적으로 국가정보원 인력 확보를 위해서는 대학을 갓 졸업한 20대 초반의 지원자 중 시험 평가 우수자를 선발한 후 이들을 장교 임관 교육 훈련 과정과 유사한 군대식 커리큘럼으로 교육한 후 실무 부서에 배치하고 도제(徒弟)식 교육을 통해 정보원으로 양성하는 전통 방식을 사용하고 있다. 이러한 전통적 커리큘럼과 시스템을 통하여 한 명의 쓸모 있는 정보 요원을 양성하기 위하여 오랜 기간 국가 예산을 투입하고 있다. 물론 국가정보원의 전신인 중앙정보부는, 1961년 육군 중령 출신 김종필을 중심으로 한 군(軍) 출신들이 설계하고 초기 군 출신을 근간으로 창설되었다는 역사적 특수성을 가지고 있다.

　그러나 단순 협조자 수준의 첩보 요원이 아닌 정보 요원을 육성하고 활용한다는 측면에서 각 분야에서 10년 이상 숙련된 전문가를 임용하거나, 보다 수준 높은 정보 수집 및 분석을 위하여 일본처럼 외부 위장 연구 기관을 활용하는 것이 더욱 합리적일 수도 있다. 그리고 국가정보원은 전문가 그룹으로 구성된 외부 기관의 분석 결과를 검증하여 지금과 같은 분석 보고서를 생산해 내거나, 국익을 위한 고도의 비밀 공작 업무에 집중하면 된다. 그것이 더욱 효율적이며 국가 예산의 오용과 남용을 방지하는 첩경이기도 하다. 물론 이때 공작의 범위는 미국, 이스라엘 등 선진 정보 기관들과 같이 대한민국의 자유주의, 민주주의, 시장경제 체계를 굳건히 보호하는 대외적 활동과 임무를 의미하는 것이다.

우리 국민은 지난 2011년 2월에 발생했던 국정원 요원들의 '인도네시아 특사단 호텔 잠입 사건'을 잘 알고 있다. 외국의 호텔도 아닌 국내 호텔에서 호텔 직원들의 도움까지 받아가면서도 완벽하게 실패했던 그 날의 치욕적인 사건처럼 어리숙한 공작 능력을 다시는 보여서는 안 된다. 그러나 지금 국정원을 비롯한 국가 정보 기관의 공작 활동 능력은 진일보 했을까? 아쉽게도 좌파 정치 그룹에 의해 옥죄는 상태에서 그 역량은 더욱 떨어져 있을 수밖에 없는 것이 현실이다.

아직까지도 정치 개입에 대하여 논란이 되고 있는 국가정보원법의 경우 그 내용을 자세히 살펴보면 이미 '국정원의 정치적 독립'을 규정하고 있다. 그럼에도 불구하고 대통령 직속 기관이라는 조직의 특성으로 인하여 피해 갈 수 없는 태생적 한계 속에 있을 수밖에 없다. 왜냐하면 '대통령은 정치인'이며 그가 지시하는 내용은 정치적 행동의 일환이기 때문이다.

어찌 보면 국정원의 독립 기관화 이외는 방법이 없을 듯해 보이기도 한다. 이와 같은 문제의 근본적 원인을 제거하고 국내 최고 정보 기관으로 각 부분 정보 기관의 활동을 융합하는 국정원이 본연의 임무에 전념하게 만들기 위해서는 보다 명확한 '독립성 보장'과 대통령을 위시한 정치인들의 개입을 차단하는 선제 조건으로 규정해야 할 것이다.

많은 전문가의 주장과 같이 국가정보원을 현재와 같은 대통령 직속 기관에서 탈피하는 방안도 검토가 필요하다. 정부조직법상 헌법에서 보장하는 독립 기관으로 변경하되 행정부의 수장인 대통령도 필요할 경우에 헌법에 규정된 범위 내에서 국정원에 정보를 요청하거나 첩보 수집 및 정보 분석 임무를 주고, 이러한 행위가 국회 정보위원회에도 자동 통보되도록 한다면 행정부와 입법부 간의 상호 견제가 가능하여 더 이상 오해를 받지 않을 것이다.

다시 말해 국정원법을 개정하는 것이 아니라 헌법 혹은 정부조직법 등 관계 법령에 대통령과 국회 등 정치인들이 그들의 목적을 위한 정치적 개입을 차단하는 것을 규정하여야 국가정보원의 타의적 정치 개입을 근본적으로 차단할 수 있다. 그것이 핵심이 되어야 한다.

지금과 같이 정치인들이 국정원 주요 인사 임명에 직접적으로 개입하는 악습이 지속되고 이들에 의한 국가 정보 활동 개입을 원천적으로 차단하지 않는다면 국가 정보 기관은 언제까지나 정치인들의 통제를 받을 수밖에 없다. 앞서 이야기한 것처럼 국정원 직원은 공무원이지만 공무원이 아니다. 국정원장, 차장, 기조실장의 임명은 그 정치적 중립성 보장을 도모하고 정보 기관 본연의 임무에 충실할 수 있도록 일반 정무직 공무원과 같은 낙하산식 인사가 아닌 현직 국정원 요원들을 대상으로 하는 내부 선발 방식으로 변경할 필요도 있다.

또한 대외적 측면에서의 국가 안보를 위한 정보 기관의 역할을 살펴보면 군과 민간으로 나뉘어 있는 첩보 수집 기능은 실질적으로 구분이 어렵고, 기술적으로도 유사성을 가지고 있기 때문에 일부 역할과 기능을 통합할 필요가 있다. 따라서 현재 국정원, 국방부, 사이버사령부, 경찰청 등이 각각 보유하고 있는 신호 정보와 영상 정보 관련 정보 수집 기능을 통합 운용하여 독립된 '기술 정보 기관'을 새로 신설하는 방안도 신중히 검토할 필요가 있다.

**키워드**

- 정보 기관 요원 선발 방법의 혁신 없이는 우수 정보 요원 양성 불가능
- 민관군 출신 구분 없이 통합된 인력 구성으로 정보 업무 능력 향상
- 정치인들의 손이 안 닿도록 정보 기관의 독립성 확보가 최우선

# 한계에 봉착한 국가 정보력의 대안, 민간 정보 기업 활성화

미국의 경우 9·11 테러 이후 '민간 정보 기업(PIC, Privity Intelligence Company)'의 도약이 눈에 띈다. PIC 산업은 1990년대 말부터 증가하는 추세에 있다. 9·11 테러 전에는 140개 기업에 불과했으나 9·11 테러 이후 대폭 증가하여 2,000개 수준의 기업으로 늘어났다. PIC 사업의 경우 수익 모델은 정보 기관 업무 아웃소싱 용역과 기업 업무 아웃소싱 용역으로 나뉜다.

정보 기관 아웃소싱의 경우 통신 정보 수집과 공개 정보(OSINT: Open Source INTelligence)를 활용한 정보 분석이 대표적이다. 실제로 각국의 정보 기관은 물론 대한민국의 국정원 역시 상당 부분 오신트(OSINT)에 기반을 두고 있다고 해도 과언은 아니다. 현안 분석과 관련된 정보 보고서를 작성할 때 잘 다듬어진 신문 사설이나 기사의 문장을 그대로 인용하는 경우도 종종 있다고 한다.

PIC 사업이 가장 융성 중인 미국의 경우 2017년 기준 정부와 계약한 업체가 1,931개에 이르며 이들 PIC 기업이 미국 정보 예산의 70%(NSA 연간 예산 80억 달러 중 60억 달러) 정도를 사용하고 있다고 한다. 또한 비밀 취급 권한의 경우 2012년 기준 미국 비밀취급권자 전체 492만 명 중 민간 업체 직원이 21.6%를 차지하고 있다.

대표적인 PIC 기업은 1914년에 설립된 Booz Allen Hamilton이다. 이 기업은 글로벌 정보 분석 시스템인 프리즘(PRISM)을 운영하는 것으로 유명하며 2만 5,000명의 직원이 벌어들이는 연 매출은 58억 6,000만 달러에 이른다. 기업 특성상 경영진 대부분이 국가정보국(DNI) 출신들로 구성되어 있다. 그 외 1969년에 설립된 SAIC는 NSA 등 정보 기관을 주요 고객으로 하고 정보 수집, 감시, 정찰, 사이버 안보 등의 업무를 대행한다. 1969년 설립된 Stratfor의 경우 CIA의 요청으로 글로벌 국가 정치 위험 분석 업무를 하고 있다.

이와 같은 민간 정보 기업은 국가 정보 기관 즉, 공무원들의 한계성을 극복하는 한편 관련 분야에서 수십 년간 근무한 경력을 가진 베테랑들로 구성되어 있어 동급의 첩보를 수집, 정보를 분석하는 데 발생하는 기회비용에 있어 압도적 우수성을 가지고 있다. 더욱이 정보 활동을 하는 데 국가는 주변국의 눈초리와 경계, 책임에서 자유로울 수 있다는 장점이 있다.

**키워드**
- 공무원 신분이라는 국가 정보 요원의 제약을 타계할 PIC 활용 방안 강구
- 우수한 전직 정보 요원들로 구성된 PIC 기업을 활용한 선진국형 정보 활동 역량 확보

# 올바른 국가 정보 시스템
# 구축에 대하여

국가 정보에 대하여 한 번 질문을 던진다. 국가 정보는 누구를 위한 정보인가? 그리고 국가 정보 기관은 누구를 위한 정보 기관인가? 포스트 코로나 시대에 즈음하여 망가진 대한민국의 국가 정보 시스템은 어떠한 방향으로 재건해야 하는가?

지속적인 경제 성장을 하더라도 현실적으로 국가 정보 기관 운영에 있어 미국과 같은 수준의 예산과 인력을 투입하는 것은 불가능하다. 그리고 지금까지와 같이 정치 그룹에게 계속 이용만 당하게 된다면 정보 기관이 해야 할 일 즉, 국가의 이익 보장은 물론 국민의 신뢰를 얻을 수도 없다. 따라서 대한민국의 정보 기관은 독립성이 보장되어야 하며 우방과 연계할 수 있도록 특성화되어야 한다.

결론적으로 미국, 중국과 같은 막대한 예산을 투입하여 전 세계를 대상으로 하는 정보 시스템이 아닌 대한민국에 최적화된 정보 시스템을 구축하여야 한다는 것이다. 이를 위하여 구시대적 국가 정보 관리 체계를 탈피하는 한편 보다 안정적인 국가 위기 관리 시스템을 지원하기 위한 미래 지향적이고 효율적 국가 정보 관리 체계 구축 방안 제시하도록 하겠다.

첫째, 정치에 휘둘리지 않는 국가 정보 시스템 구축에 대한 공감대 형성 및 법적 보장이 선행되어야 한다. 앞서 기술한 바와 같이 헌법과 정부조직법 등 관계 법령상 대통령 직속 기관이 아닌 독립성을 보장받는 기관의 위치를 공고히 해야 한다. 미국처럼 정보 예산 사용에 대한 감시, 견제를 위한 국회 정보위의 권한을 확고히 하는 한편 전직 국정원 요원들의 공식 단체인 양지회도 있는 만큼 국가정보원장 인사의 경우 대통령 추천이라는 정치적 목적과 결정이 아닌 전 현직 국정원 출신을 대상으로 전 현직 직원들의 평가를 통해 순수 정보 기관 관리 능력을 검증받고 내부 추천을 받아 국회의 동의를 받아 임명한다.

둘째, 포스트 코로나 시대에 걸맞는 정보 기관이 될 수 있도록 AI 기반 OCS 분석 기술 도입하고 정보 요원들은 AI로는 한계가 있는 휴먼 네트워크에 기반을 둔 휴민트 구축에 집중한다. 그리고 효율적인 휴먼 네트워크 구축을 위하여 국내 부서, 국외 부서의 구분이 아닌 통합적 첩보 수집, 정보 분석 융합 시스템의 정착을 꾀한다. 또한 국가정보원, 경찰청, 군사안보지원사령부, 정보본부, 사이버사령부 등 정보 기관의 업무 목표 재설정 및 상호 협력 체계를 재구축하는 한편 국가정보원은 국익을 극대화하기 위한 은밀 대외 활동, 즉 공작 활동에 집중해야 한다.

셋째, 국가정보원 인력 선발의 패러다임 자체를 근본적으로 변경할 필요가 있다. 군대식 기수별 모집이 아닌 국정원 내 인사 물색팀의 인력을 대폭 충원하여 실무 경험이 풍부한 자원을 찾아내고 국가관과 업무 역량 등에 대해 장기간의 검증을 통해 채용해야 한다. 한편 일반 공무원 직급 체계가 아닌 정보관, 공작관, 분석관으로 선발 후 연차별 진급이 아닌 담당관, 관리관 등 2단계로만 구분하여 직급이 아닌 업무 역량에 따라 직책을 부여하는 인사 관리 체계를 구축한다.

넷째, 국외 정보 기관들과의 협력 관계를 재구축하고 신뢰할 수 있는 정보 기관으로 다시 일어서야 한다. 이를 위해서는 핵무기 개발 등 세계 안보를 위협하는 도발성으로 전 세계적 관심 대상인 북한에 대한 정보력 구축이 무엇보다 시급하다. 김정은 사망설 해프닝 등과 연관하여 대북 정보력의 한계를 보인 만큼 대북 정보 수집 라인의 다각화도 필요하다.

다섯째, 일본의 국가 정보 시스템과 유사하게 정보 기관의 인력은 최소화하고 연계성 노출을 완벽히 차단한 상태에서 국내외 민간 연구 기관을 설립하여 적극 활용한다. 국외 연구 기관에 운영 자금을 지원하여 각 국가별 고급 인력을 포섭하고 핵심 정보 습득, 대한민국의 유리한 연구 결과 발표 등 전향적인 국가 정보 예산 활용 방안 등을 마련한다.

여섯째, 민간 정보 기업 활용 방안을 도입한다. 이는 고도의 전문성을 가지고 있으나, 공무원이라는 특성상 부득불 퇴직한 정보 요원들의 전문성과 그들이 수십 년간 구축한 휴먼 네트워크를 적극 활용할 수 있는 방법일 뿐더러 100세 시대에 부합하는 고급 일자리 창출을 할 수 있는 최적의 방안이기도 하다.

포스트 코로나 시대, 변화가 아니면 생존할 수 없다는 확고한 신념을 가지고 국가 정보 시스템 재건 및 발전에 매진해야 한다. 그것은 국가 발전을 위한 시대적 요구인 것이다.

**키워드**
- 코로나 팬데믹 기간 국가 정보 기관은 과연 무엇을 했는가 스스로 자성
- 시대 변화에 부응, 사이버 정보전 능력 강화를 위한 조직 및 인력 확충 시급

# 허울만 좋은 국방 개혁,
# 문제점과 대책

# 좌파 정부가 주도한 국방 개혁 2.0, 무엇이 문제인가?

    중국 춘추전국시대에는 수많은 나라의 흥망성쇠가 빈번하였고, 그에 유래하는 다양한 고사성어가 만들어졌다. '송양지인(宋襄之仁)'이라는 사자성어도 그 중 하나이다. 기원전 638년 송나라의 양공(襄公)이 충신의 권고를 무시하고, 인의(仁義)만을 강조한 나머지 초나라 군대와의 전투에서 대패하고 본인도 부상을 입어 반년 후 사망했다는 고사에 유래한다. 그는 적을 대할 때도 인의를 앞세웠다. 군자(君子)는 멀리서 온 피로한 적(敵)을 공격하면 안 되고, 강을 건너는 적은 대비가 안 되니 공격하면 안 되고, 도강(渡江)을 끝낸 적은 지쳤으므로 공격하면 안 된다는 것이다. 이후 초나라 군이 전열을 갖춘 후에야 전투를 시작하였다가 대패했다.

    국방, 국가 안보라는 것은 그런 것이다. 마치 양공처럼 자신의 인의만을 강조한 나머지 상대방도 나와 같이 인의에 충실하다고 여기고 사전에 준비를 소홀히 한다면 온 국민이 감당해야 하는 비참한 국난을 초래하게 된다. 한민족 5,000년 역사 속의 수많은 외침(外侵)을 통해 이미 확인된 사실 아닌가?

    대한민국의 국군은 해방 직후인 1948년 8월 15일 창건되었다. 구한말 나라의 힘이 없어 영토와 주권을 빼앗긴 이후 목숨을 걸고 한반도 내 유일한 합법 정부인 대한민국 정부 수립에 기여한 광복군의 전통을 승계하고, 미 군정의 도움을 받아 대한민국의 영토를 수호하는 명실상부한 국가의 핵심 기반으로 성장하였다. 무엇보다도 1950년 6월 25일 기습 남침하여 조국의 강토를 처절하게 유린한 공산군을 유엔군과 함께 막아내어 대한민국의 자유민주주의, 시장경제 체제, 자본주의를 지켜낸 크나큰 역사적 업적을 가지고 있다.

현대에는 전쟁, 무력 도발, 국경 분쟁 등에 대응하는 전통적 안보(conventional security)보다 경제, 산업, 환경, 인구 등을 모두 포함하는 포괄적 안보(comprehensive security)의 개념이 힘을 얻고 있다. 그러나 현대에 와서도 전통적 안보의 핵심인 국방이 불안하다면 포괄적 안보에 포함되는 그 모든 것이 보호될 수 없다는 것은 그간의 세계 각국의 사례를 보면 쉽게 알 수 있다.

건군 이래 대한민국 국군은 '대한민국의 자유와 독립을 보전하고 국토를 방위하며 국민의 생명과 재산을 보호하고 국제 평화에 유지한다'라는 사명으로 그 임무를 성실히 수행하고 있다. 지금 이 순간에도 수많은 대한민국 젊은이가 묵묵히 그 목적을 달성하기 위해 자신의 젊음을 희생하고 있다.

그토록 중요한 일이기에 '국방 개혁'은 반드시 이루어져야 하는 가장 핵심적인 국정 과제임을 부정하는 사람은 아무도 없다. 그러므로 올바른 국방 개혁을 추진하기 위해서는 '세밀한 현실 분석'은 물론이고 4차 산업혁명으로 일컬어지는 급격한 미래 환경 변화에 대한 '과학적이고 면밀한 예측', 그리고 무엇보다도 '대한민국의 자유민주주의를 지킨다는 확고한 신념과 철학'이 뒷받침되어야 한다.

사실 국방 개혁은 처음 있는 일이 아니다. 그간 정권이 교체될 때마다 국방 개혁이 논의되었으며, 노무현 정부 당시에는 국방 개혁 2020, 이명박 정부에서는 국방 개혁 307, 박근혜 정부에서는 국방 개혁 1430으로 불린 많은 국방 개혁안이 계획되고 발표되기도 하였다.

'국방 개혁 2.0'도 이전 정부들에서 추진되었던 개혁의 범주와 유사하게 지휘 구조, 부대 구조, 병력 구조의 개편 및 문민화를 토대로 정치적 중립성 확립, 그리고 합동성 강화를 목적으로 하고 있다. 개혁은, 국방부 직할 부대, 합동 부대 구성 인력의 균형 편성, 여군 비중 확대 및 근무 여건 보장, 장병 복지 증진, 예비군 전력 내실화, 군 사법 체제 개혁 그리고 방위 사업 투명성 확립 등 크게 10개 분야에 대한 변화에 초점을 두고 있다.

문재인 정부가 국방 개혁을 '국방 개혁 2.0'이라고 호칭하는 것은 과거 노무현 정부 당시 수립되었던 '국방 개혁 2020'을 '국방 개혁 1.0'이라고 전제하고, 문재인 정부가 이를 승계하여 추진한다는 그 이념적 정체성을 말해주는 것이다. 이번 '국방 개혁 2.0'의 가장 큰 특징은 문재인 정부의 '유화적 대북관 및 전시 작전권 전환을 통한 가시적인 한국군 주도의 작전 통제권 강화'에 강한 의지가 대폭적으로 투영된 것이라고 볼 수 있다.

이 개혁안을 자세히 살펴보면 표면적으로는 미래 지향적 국방 개혁이라고 강조하면서도 정작 10여 년 전 노무현 정부의 '국방 개혁 2020'의 내용을 그대로 답습하고 있다. 또한 국방 개혁이라는 듣기 좋은 허울로 포장된 숨겨진 본질, 즉 '현실을 왜곡한 대북 작전 능력 약화'에 목적이 있다.

다시 말해 '한국군 주도의 작전 통제권 강화'라는 미명 아래 6·25 기습 남침으로 역사상 우리 민족에게 가장 많은 인적·물적·경제적 피해를 안겨준 불한당 같은 존재이자, 1994년 핵 개발로 시작된 한반도 위기 유발, 곧이어 개최된 판문점 회담 시 '서울 불바다' 협박 등으로 대한민국의 주적(主敵)이라고 낙인찍힌 북한, 즉 '조선민주주의인민공화국'이 일관적으로 주장해 온 사안들을 여과 없이 수용하고 있다.

휴전협정을 정전협정으로 변경하고, 북한의 재도발을 감시하는 '유엔사의 해체 요구'와 더불어 한미동맹·한미상호방위조약에 근간을 두고 설립된 '한미연합사의 무력화', 그리고 기무사의 계엄령 검토 문건을 필요 이상으로 확대 해석하여 군 보안 및 대북 정보 수집력을 약화하는 등 노무현 정부 당시의 국방 개혁 2020을 승계하는 형식을 취하되, 북한 정권이 희망하는 한미연합 작전 능력을 축소하는 방향으로 그 맥을 같이 하고 있는 것이다.

문재인 정부는 '9·19 군사합의서'에 따라 11월 1일부터 한반도 전역에서 적대 행위를 전면 중지, 군사분계선(MDL), 북방한계선(NLL) 근접 지역에서의 정찰 금지 및 훈련 중단 등의 조치를 하였다. 그런데 우리 대한민국이 북한에 대해 적대 행위와 군사적 도발을 했던 적이 있었는가? 6·25전쟁 세대가 아닌 젊은 세대라도 제1, 2차 연평해전, 천안함 폭침, 연평도 포격 도발 등을 기억한다. 누가 군사적 도발을 하여 수많은 대한민국 젊은이의 목숨을 빼앗아 갔는가?

**키워드**
- 국방 개혁은 정치 논리가 아닌 국민의 생명과 직결되는 중차대한 과업
- 좌파 정치 그룹 주도의 국방 개혁은 국가 안보를 위협

# 국방 개혁 2.0의 본질은
# 한미동맹 약화

　자, 이제 문재인 정부 '국방 개혁 2.0'의 주요 내용에 대한 허와 실을 하나하나씩 살펴보도록 하자.

　지휘 구조 및 부대 구조 개편의 경우, 6·25전쟁 이후 장기간 휴전 상태로 고착되고 비대해진 한국군 지휘 시스템의 비효율성을 C4I 기반의 NCW(Network Centric Warfare, 네트워크 중심전)을 적용하여 국방 선진국형 지휘 구조 및 작전 제대로 재편성하는 대단히 중요한 분야이다. 이러한 개혁 과정을 통해 선진국과 비교 시 많은 장군의 인원 수를 줄이는 한편, 현장을 실시간 확인할 수 있는 전장 파악 시스템을 구축하고 신속한 의사 소통 시스템을 정착하여 전근대적 계단식 지휘 단계를 축소하는 등 현대전 및 미래전을 수행함에 있어 핵심 역량을 강화하는 것으로 받아들여질 수 있다.

　그러나 그 실행 방법론에 있어 6·25전쟁 초기에 이양하여 지금까지 미군이 가지고 있는 '전시 작전권'을 한국군으로 전환하고, 1968년 '1·21 사태 및 미 푸에블로함 납북 사건' 등을 계기로 창설된 '한미연합사령부(1978.11.8.)'를 '미래연합사령부'로 변경하여 한국군 합참의장이 사령관을 겸직하면서 한반도 전구(戰區) 작전을 지휘한다는 것이다. 그런데 이 문제는 이렇게 단순히 즉흥적·감정적으로 진행할 문제는 절대 아니다. 최근 일각에서는 '미군이 외국군의 지휘를 받는 최초의 일'이라며 자화자찬하는 이들도 있다고 한다.

주권 국가로서 유사시 자국의 전쟁을 직접 지휘하고 통제하는 것은 매우 당연한 이야기이다. 그러나 그것은 세계에서 가장 호전적인 북한과 동북아 지역의 급격한 안보 환경 변화 속에 미국 다음으로 강력한 군사력을 갖춘 중·일·러 등 주변국의 잠재적 위험 요인을 애써 무시해가며, 한미동맹 및 한미상호방호조약(1954.11.18. 발효)을 무력화하려는 '사전 정지(整地) 작업 차원의 악의적 행위'에 불과하다.

전시 작전권은 말 그대로 '전쟁이 발생할 경우'를 상정한 것이다. 즉 대한민국이 한반도에서 적성 국가와 전쟁에 돌입할 경우, 한미상호방호조약에 따라 자동적으로 미군과 첨단 장비들이 즉각 투입되고 세계 최강의 미군이 직접 전장을 통제하는 시스템이다. 대한민국에게는 '조건이 매우 유리한 보험'이고, 미국의 입장에서는 오히려 6·25전쟁 중 어수선한 시기에 이양받아 '많은 책임만을 떠안게 된 불평등조약'으로 평가될 수도 있다. 그러한 의미에서 한미동맹 체결을 이승만 대통령의 '가장 큰 치적'으로도 볼 수 있다.

더욱이 군사력 증강은 말로만 되는 것이 아니고 막대한 예산이 소요될 뿐더러 즉각적으로 확보할 수도 없는 분야인 만큼 한반도 내 전시 작전권을 미국에 부여함으로써 전시나 평시를 막론하고 한국 정부는 경제 산업에 집중 투자하는 등 국가 예산 및 국방 예산을 더욱 효율적으로 운용할 수 있다.

게다가 만일 한반도 내에서 북한 또는 여타 적성국과의 전면전 수준의 전쟁이 발생하여, 미군의 증원 병력과 첨단 자산 및 물자가 들어올 경우 과연 현실적으로 전쟁을 수행해 본 경험이 없는 현재 한국군 수뇌부의 작전 지휘 역량으로 그 한미 연합군과 첨단 자산을 전략적으로 통제하며 작전 운용을 할 수 있겠는가?

세계 10위권 안에 드는 대한민국의 군사력을 무시하는 것은 결코 아니다. 다만 아주 단순히 생각해 보자. 한국군 장군 중에 B-2 전략폭격기, 항공모함 전투단 등을 직접 운용해 보거나, 그것의 작전 운용 개념을 제대로 알고 작전을 지휘, 운영할 수 있는 사람이 있는가 하는 점에서 그 한계가 명확하다고 볼 수 있다. 마치 글로벌 대기업을 운영해 본 경험이 없는 중소기업 사장이 대기업을 맡아야 하는 것처럼 말이다.

특히 이와 맞물린 병력 구조 개편의 경우에도 2018년 현재 61만 8,000명 수준의 상비 병력을 2022년까지 50만 명 수준으로 감축하는 것 역시 더욱 신중히 고려해 볼 사항이다. 이 숫자는 현 128만 명 수준의 북한군의 40%에도 못 미치는, 턱없이 부족한 병력이다. 급격한 인구 감소로 인한 징집 대상의 축소이고 첨단 무기 체계로 대체할 수 있다고 주장도 있을 수 있으나, 이는 전쟁과 전투를 모르는 일반인들의 단순한 이야기이다. 물론 전투에서의 승리는 병력의 숫자로만 평가될 수는 없다. 그러나 그 방법이 복무 기간 단축이라는 방법을 통해 이루어진다는 점에서 그 심각성이 있다. 평범한 청년을 전투력을 갖춘 군인으로 만들기에는 상당한 시간과 반복되는 훈련 과정이 필요함에도 불구하고, 육군과 해병대는 21개월에서 18개월, 해군은 23개월에서 20개월, 공군은 24개월에서 22개월, 그리고 이러한 과정을 통해 육군에서만 11만 8,000명을 감축한다는 것이다.

만일 '육군의 급격한 전력(戰力) 약화'가 목적이 아니며 단순히 출산율 저하로 인한 징집 대상 감소가 주된 원인이라면, 논란이 되고 있는 '양심적 병역 거부의 합법화'도 이해할 수 없는 일이다. 대한민국 전체 인구의 4.1%를 차지하고 지금도 늘어나고 있는 국내 거주 외국인(214만 명, 2020년 기준)을 고려하지 않은 단편적 숫자놀이일 수도 있다. 양성 평등에 근거한 단계적 모병제도 검토 대상이다.

전 세계 최강의 군사력을 가진 미군은 백인으로만 구성되지 않는다. 영주권을 획득하려는 다양한 인종의 외국인이 상당한 숫자를 차지하고 있다. 프랑스군 역시 다양한 국적으로 구성되었으나 최강의 전투력을 갖춘 외인부대를 별도로 운영 중이다. 대한민국의 안보는 대한민국 국민이 지켜야 한다. 그 의무를 우리 민족에게만 국한할 필요도 없다. 이민 희망자에게도 자유민주주의 신념과 확고한 국가관 등 사상 검증을 전제로 대한민국 국민이 될 수 있는 '합법적 기회와 그에 응당한 의무'를 부여하는 방안도 있다.

국방부는 2018년 10월 1일 국군의 날 행사 시 미군의 그것을 본떠 '워리어 플랫폼'을 소개하였다. 그리고 기동화·네트워크화·지능화를 기반으로 하는 '백두산 호랑이 4.0'과 '드론봇'의 적극 활용 등을 통한 지상전 전술의 획기적 변화를 구축한다고 발표하였다.

그러나 이러한 개념 자체도 새로운 것이 아니다. 미군이 오래 전부터 사용하고 있던 작전 부대 운용술이라는 것이다. 그리고 이미 실제 작전에서 많은 드론이나 무인 정찰기를 운용하지만, 그것은 작전의 효율성을 높이는 수단이지 결코 병력을 감축시키기 위한 선택이 아니었다는 것이다. 그리고 이러한 고 기동성 분대 단위 병력을 운용하기 위해서는 대량의 차륜형 장갑차 (K-806, K-808) 수요가 발생한다. 이미 배치 중인 K-21 보병 전투 장갑차와 중복 소요 논란은 차치하더라도 막대한 예산이 추가로 투입될 수밖에 없다.

또한 새로 개발된 병력 수송용 차륜형 장갑차 역시 설계 개념부터 진부하다. 현대전은 EBO(효과 기반 작전, Effects-Based Operation) 개념과 더불어 과거처럼 들판과 같은 평야에서 참호 위주 전투, 산악 전투가 아닌 시가전 중심으로 변화되고 있다. 이미 중동에서 급조 폭발물(IED)의 피해 및 시가지에서의 게릴라식 공격의 피해를 톡톡히 경험한 미군은 한국군이 도입하려는 차륜형 장갑차 설계에 영감을 준 스트라이커 장갑차보다는 특수 지뢰 방호 차량인 MRAP(Mine Resistant Ambush Protected)를 더 선호한다는 것을 보면 이미 실전에서 검증된 그 전술 개념 변화의 특성을 명확히 알 수 있다.

게다가 '워리어 플랫폼'을 갖추려면 1인당 수천만 원의 예산이 든다. 돈 문제를 떠나 무엇보다도 이러한 고가의 무기 체계를 운용하기 위해서는 고도로 훈련된 전투 요원이 필요하다. 다시 말해 복무 기간이 18개월에 불과한 단기 사병으로는 충분치 않다는 것이다. 그렇다고 부사관을 증원할 수 있는가? 그것은 또 다른 인건비 상승을 야기할 뿐만 아니라 당초 개혁안에도 빠져 있다. 아쉽게도 미군과 같이 전 세계 각지에서 실전을 통해 전술을 적용하고 발전해가는 군대가 아닌 실제 전쟁 수행 경험이 없이 컴퓨터 시뮬레이션(워 게임)에 의존한 연습 및 훈련으로 성장한 현 대한민국 군 장교들의 한계일 수도 있다.

해군의 경우 수상·수중·항공의 입체 전력 운용과 기동 전단 및 항공 전단을 확보하고, 해병대는 상륙 작전 능력을 제고하기 위하여 해병 사단의 정보·기동·화력 능력을 보강하며, 공군은 우주 작전 능력을 강화하는 정보·감시·정찰 자산 전력화와 연계해 정찰비행단을 창설한다고 한다.

그러나 대한민국은 미국과 같이 전 세계를 상대로 군사력을 투사하며 작전을 수행하는 국가도 아니며, 그러한 첨단 장비들을 갖추기에는 너무나 많은 국방 예산이 투입되어야 한다. 현 국가 경제 상황을 고려하여 실현 가능한 일인가? 그리고 그것을 미군의 첨단 자산을 활용하지 않고, 반드시 한국 군대가 독자적으로 도입하고 운용해야만 하는가에 합리적 의구심이 들기도 한다.

해·공군은 대양(大洋) 작전, 우주 작전 역량 강화 이전에 당장 9·19군사합의 결과인 서해상 NLL 이남 85km, MDL 이남 20~40km 비행 금지 구역에서의 작전 공백을 어떻게 만회할 것인가 하는 현안부터 고민해야 한다. 이제 북한군은 어렵게 휴전선 인근의 지뢰밭을 넘지 않더라도 서해 해주항에서 수백 척의 공기부양정(LCPA)에 수만 명의 특작 부대를 실고 출발하면 불과 몇 시간 만에 인천을 통과해 서울까지 들어 올 수 있으니 말이다.

**키워드**
- 현실을 무시한 국방 개혁은 국가 안보를 파괴하는 수단
- 주적은 태평양, 인도양에 있지 않고 3·8선 이북의 땅을 강점하고 있는 북한

# 외교 안보 정책 수립은
# 미래 안보 환경 분석이 최우선

　문재인 정부는 국제 정세, 국내 경제, 국민의 생활 안정을 외면한 채 통일에 '올인'했다. 그런데 통일이 실제로 이루어질 경우 '통일 한국군'이 대적해야 할 국가는 중국, 러시아 등 지상군 중심의 군사력을 유지하고 있는 국가들이다. 게다가 지켜야 할 국경선의 길이는 현재의 휴전선보다 더욱 길어진다. 통일이라는 환상에 빠져 지상군을 외면한 채 통일 이후 발생하는 수많은 안보 위해 요인을 간과해서는 안 된다.

　또한 남북 통일을 논한다면 독일 통일 과정에서 볼 수 있듯이 군 통합 문제를 더욱 치밀하게 검토하고 대책을 마련해야 한다. 통일 독일은 압도적 우위에 있는 자유민주주의 국가의 군대인 서독군을 중심으로 동독군을 해체하거나 사상 검증, 업무 역량을 판단해 일부 인력에 대해 계급을 하향 조정(예 : 동독 대령→통일 독일군 중령)하는 과정을 거치면서 일부를 편입하면서 통합군을 만들었다.

　우리의 현실을 보자. '국방 개혁 2.0'대로 병력이 감축이 될 경우 약 세 배 수준인 128만 명의 북한 현역군을 받아들이기에는 그 한계가 이미 너무 명확하다. 군의 문민화 및 정치적 중립성의 경우 국방 정책 및 경영 측면에서 효율성을 갖추기 위해 민간 전문가가 영입되는 것은 반길만한 일이다. 그러나 단순히 군 출신이라는 이유로 배제하고 민간 출신 장관을 임명하고, 국방부에서 국·실장 전원을 민간으로 전환하고 과장급의 민간 공무원 보임을 확대하는 등 현역 장교들의 보직을 축소한다는 것이 문민화의 참 목적은 아니다.

보다 현실적으로 말하자면 인구 5,200만 명 수준의 국가에서 이것저것 고려하고 나면 실제로 해당 분야의 전문가는 그리 많지 않다. 정권과 유착된 비전문가 인사 또는 자칭 민간 군사전문가라고 불리는 밀리터리 마니아(속칭 '밀덕') 수준의 사람들이 개입하기에는 그 중요성이 너무 크다는 것이다. 단순히 군 장교들을 배척한다기보다는 인사 검증을 강화하고, 민·군 구분 없이 업무 역량을 계량화하여 보다 국방 경영의 효율성을 높이기 위해 전문가를 영입하는 것이 바람직하다.

대한민국은 군의 정치적 중립성에 상당히 민감한 나라이다. 최근 기무사의 계엄령 문건 논란 및 1990년 11월 기무사 소속 윤석양 이병의 민간 사찰 폭로 사건은 차치하더라도 박정희 대통령의 5·16 이후 노태우 대통령까지 오랜 기간 '군 출신 대통령의 통치를 받은 경험'에 기인한다고 볼 수 있다.

그러나 현대의 대한민국 군대가 1961년의 5·16, 1979년의 12·12처럼 또다시 '무력을 사용한 정치 행동'을 할 수 있을 것이라는 생각 자체가 문재인 정부 실세들의 인지 부조화에서 오는 넌센스에 불과하다. 1979년 이전처럼 '탱크 몇 대를 앞세워 방송국 몇 개를 접수하고 국회를 해산하는 행위' 따위로 정권이 교체될 수 있다는 가설은 1980년대 운동권 출신들의 과거에 고착되고 '철 지난 그들만의 추억'에 불과한 어불성설이다.

군은 국보법 위반 등으로 군대를 다녀오지 않은 그들이 생각하는 것보다 더욱 민주적 조직으로 이미 오래전에 변화되었다. 군의 급속한 민주화는 지난 1992년 김영삼 대통령 취임 이후 시작된 하나회의 숙청 작업으로 시작되었다. 이는 오히려 옳건 그르건 무조건적으로 따라야 했던 군의 명령 체계를 약화시키면 시켰지, 일부 군 장교들 주도로 무력적 정치 행동을 시도하기에도 한계가 있게 만들었다고 해도 과언은 아니다.

특히, 5·16에서 12·12로 이어지는 군부 통치 시절의 핵심적 동인(動因)은 6·25전쟁 전후 기수(5·16 세력), 월남전 참전 기수(12·12 세력) 등 실제 전쟁에 참전하고 그로 인해 형성된 '상호 강한 유대감과 결속력'에 기인한다. 조금 더 비약해 보자면 지금의 대한민국 군 장교들은 목숨을 걸고 함께 싸워 본 실전 경험 없이 컴퓨터 워 게임에 능숙한, 출퇴근 시간을 지키는, 군복 입은 공무원에 가깝다. 6·25 세대, 월남전 세대와는 근본적으로 다르다.

다음으로 합동성 강화 및 국방부 직할 부대·합동 부대 균형 편성의 경우 합참 대령급 이상 보직, 직할 부대 장성급 지휘관의 균형 편성을 말한다. 모르는 사람들이 보면 3군 균형을 맞추는 것으로 보일 수 있겠다. 그러나 아직까지 6·25전쟁에 적군으로 참여했던 북한, 중국, 러시아(구 소련)를 머리 위에 두고 있는 지정학적 전장 환경을 고려할 경우 그 역할과 비중에 있어서 상당 기간 지상군 중심의 작전 운용과 합동 전력으로서의 해·공군의 역할이 지배적일 수밖에 없다는 점을 인정해야 한다.

군사전략학적 측면에서 보더라도 독일·프랑스·러시아 등 대륙 국가의 군사 전략과 미국·영국 등 해양 국가의 군사 전략에는 근본적 차이가 있다. 그리고 전쟁을 자국의 영토 내에서 경험한 국가들과 타국에 군대를 파견해 전쟁을 수행했던 국가들과는 명백한 차이가 있다. 대한민국은 대륙 국가인가, 해양 국가인가? 이 문제는 바라보는 시각에 따라 얼마든지 달라질 수 있다. 그러나, 6·25전쟁 이후 지금까지 70년간 대한민국의 영토를 굳건히 지켜왔던 육군의 역할을 일소에 부치고, 전력 증강에 상대적으로 고비용이 소요될 수밖에 없는 해·공군력 건설에 집중해 국외로 군사력을 투사하는 해양 국가의 전략을 적용하기에는 아직 무리가 있다. 그런 점에서 대한민국의 '국가 대전략' 수립에 대한 검토부터 선행되어야 한다.

비단 군사전략학적 상황을 고려치 않더라도 현실적으로 해·공군의 경우 인력 구조상 전투 부대에 배치하고 운영하기에도 부족할 뿐더러 대외 기관 파견까지 확대하는 것은 더욱 제한될 수밖에 없다.

군별 인력 운용 실태를 반영하지 않은, 단순한 3군 균등 배분은 해·공군의 전력 약화를 초래할 수 있다. 오히려 국방부 본청의 국·실장을 민간 출신을 바꾸어 전문성을 약화하는 것보다는 국군수송사령부, 각 군 군수사령부 등 비전투 지원 부대를 포함한 국방부 직할 부대, 합동 부대들을 대상으로 경영, 유통, 기술 경영(MOT) 분야의 민간 전문가를 대폭 영입하는 방안이 조금 더 합리적 방법의 하나이다.

여군 비중 확대 및 근무 여건 보장의 경우 지속적으로 증원한다는 계획이다. 여성의 다양한 사회 진출, 직업 선택의 자유 그리고 전문성 발휘를 위해 여성의 직업 영역 확장이라는 측면에서의 군 진입도 대단히 고무적인 일이다. 그러나 장교 및 부사관으로만 임관하는 것은 오히려 양성 평등의 저해 요인일 수 있다. 지금도 실제 전투를 치르고 있는 대표적 국가인 이스라엘, 미국 등에서 여성이 군 복무를 할 경우 전투 병과 배치에는 한계를 인정하고 있다는 현실을 고려, 각 군별, 병과별, 성별 선발에 대한 보다 다양하고 신중한 현장의 의견 수렴이 필요하다. 여군 체력 검증 조건을 이스라엘, 미국 등에 견주어 손색이 없도록 반영해야 할 것이다. 군인, 경찰, 소방관 등 국민의 생명을 지키는 특정직 공무원은 책상에서 행정 업무를 하는 일반직 공무원들과 그 선발 기준이 근본적으로 달라야 하기 때문이다.

예비군 전력 내실화의 경우, 동원 가용 예비군 수를 130만 명에서 95만 명 수준으로 감소시킨다는 계획이다. 지금과 같이 요식 행위적 동원 예비군 제도는 변화가 필요하다. 그러나 북한의 전시(戰時) 동원 인력, 향후 통일 이후 통일 한국과 국경선을 맞대는 중국, 소련의 군사력 고려, 신중한 검토가 필요한 분야이기도 하다.

당초 예비군 전력을 정예화하면서 축소한다는 계획이었다. 그러나 즉각 투입할 수 있는 가용 동원 병력이 있다는 사실 자체만으로도 상대방에게는 위협감을 줄 수 있고, 동원 대상자들에게도 국가 안보에 대하여 경각심을 줄 수 있다. 이런 점에서 오히려 '현역 복무 단축으로 현역 정원을 줄여간다' 라는 현 국방 개혁 2.0 계획의 대체 수단으로 예비군 기간 연장 및 역할을 확대, 강화하는 방안을 재검토해야 한다.

**키워드**
- 군은 행정 기관이 아닌 전투 전문가들의 집단이 되어야
- 반도 국가로서 대륙 국가, 해양 국가의 군사 전략 중 어느 것을 따를 것인가?
- 인력 감소를 고려한 융통성 있는 예비군 정예화 등 병력 유지 방안 마련 시급

# 방위산업은
# 비리의 온상일까?

　무엇보다도 지금까지의 정부가 국방 개혁을 추진하려다가 성공하지 못한 원인에는 '막대한 예산이 투입되는 물리적 군사력 건설'의 실현 가능성 여부에 있었다고 해도 과언은 아니다. 즉 무기 체계를 도입하는 방위산업에 대한 혁신은 여타 개혁에 기반이 되는 매우 중요한 위치를 차지하고 있기 때문이다.

　이 개혁안을 보면 방산 비리 차단이라는 패러다임에 너무나 집착한 나머지 가중 처벌(1.5배), 퇴직 공직자의 재취업 제한을 강화한다는 방침을 그 기조로 하고 있다. 하지만 이는 방위산업 분야에 종사하는 전문가 그룹을 처음부터 '잠정적 비리 집단'으로 상정해 놓은 것과 다름이 없다.

　이러한 질문을 던져본다. 과연 대한민국의 방위산업에 종사하는 인력들은 현 정부가 말하는 그대로 '비리 적폐 세력'인가? 실제로 방산업체에 재취업한 인원 중 비리에 연루된 사람이 얼마나 있는가? 그리고 대부분 40~50대에 공직에서 물러난 고도의 전문 인력들이 남은 50여 년을 연금만 받으며 가만히 있으라는 이야기인가? 아니면 취업을 하지 않고 제도권 밖에서 비공식적으로 활동하라는 것인가?

　오히려 미국·이스라엘 등 군사 선진국들은 국방부·연구 개발 기관·방산 기업 간 유기적인 인적 교류가 이루어지고 있으며 그들의 경험과 전문성을 충분히 활용하고 있다. 비리 근절 및 적발은 감사원·국정원·검찰·국세청 등 국가 시스템으로 해결하면 되는 것이고, 적발 시 그에 합당한 처벌을 하여 경각심을 제고하면 되는 문제이다. 작금의 급격한 인구 감소 추세 및 100세 시대의 방산 분야 종사자들의 전문성을 최대한 활용할 수 있는 방안을 마련하는 편이 국가 안보와 방위산업 육성에 있어 더욱 생산적이며 합리적 방안이다.

또한 기존의 국방과학연구소(ADD), 국방기술품질원(DTaQ), 방산업체의 기능과 역할을 전면 개편하면서 국방 기술 기획을 관리·분석 및 평가하는 전담 기관을 신설하고, 방산 육성 기능을 통합한 방위산업진흥원의 신설 계획도 마련하고 있으나, 자칫 '옥상옥(屋上屋)'의 기관으로 변질될 가능성이 매우 높다. 당초 지금의 국방 정책을 연구하는 국방연구원(KIDA), 품질 관리 업무를 하는 국방기술품질원(DTaQ) 등이 국방과학연구소(ADD)에서 분리된 조직이었다는 것을 아는 사람이라면 우스운 일일 뿐이다.

특히 노무현 정부 당시 국방 획득 업무의 '투명성, 효율성, 전문성'이라는 목표를 가지고 국방부·조달본부·각 군 본부 등 8개 기관의 업무를 통·폐합하여 방위산업청을 개청(2006.1.1.)한 것에 비하면 오히려 시대의 흐름을 역행하며 보은 인사를 위한 '기관장 자리 늘리기'에 불과할 수도 있다.

방위산업 육성은 1) 효율적인 지식재산권(IP) 관리를 통한 국방 과학 기술 개발 여건 개선, 2) 원가 검증보다는 장비 성능에 집중하는 인식 변화 3) 민간 수출 전문가들을 활용한 국외 수출 증진 등 보다 선진국적 개념 정립이 전제되어야 한다. 옥상옥(屋上屋)적 공무원 또는 준공무원 주도의 행정 기관만 늘리는 것이 아니라, 보다 '많은 권한을 민간 영역으로 이전'하는, 패러다임의 근본적 변화가 필요하다는 것이다.

첫째, 국가 주도의 기술 개발은 이미 그 한계에 와 있다는 인식부터 해야한다. 시대를 앞서가는 기술 개발의 핵심은 지식재산권(IP)을 누구에게 부여하느냐에 달려 있다. 실제 연구보다는 연구 과제 관리에 집중하는 국방과학연구소의 혁신과 더불어 조립 생산·부품 납품 수준에서 벗어나 방산기업 주도의 자발적 기술 개발을 독려하되, 미국·영국·프랑스·이스라엘 등 국방 기술 선진국들처럼 개발된 신기술에 대한 지식재산권(IP)의 소유권을 실제 개발 기업(개발자)에 주고, 정부(국방부, 방사청)는 실시권만 보유해야 한다. 이로써 개발자의 자부심 함양 및 개발된 무기 체계의 지속적인 성능 개량이 업체 주도로 자유롭게 이루어지게 하는 선진국형 국방 연구 개발 정책이 마련되어야 한다.

둘째, 국내 수요 즉 대한민국 국방부 납품을 전제로 하는 무기 체계 개발의 경우, 과도한 원가 검증이 아니라 장비 성능 보장에 집중해야 한다. 무기체계 개발 및 도입을 위해서는 중장기 기획서인 합동전략목표기획서(JSOP)에 기반을 두고, 5년 단위의 국방중기계획을 작성(2년 전)하고 국방 예산을 편성(1년 전)하는데, 기획·계획 문서 작성 시 세계 무기 체계 시장 조사를 실시하여 가격을 조사하고 그것을 바탕으로 계속 업데이트해 가며 예산을 편성한다. 따라서 'A 무기 체계'의 가격은 어느 정도인지 예측되는 만큼 장비의 질을 저하시키고, 납품 비리의 원인이 될 수도 있는 '예산 절감의 늪'에서 빠져나와 실제 성능을 발휘할 수 있는가에 초점을 맞추어야 한다.

또한, 최근 언론에 수차례 보도된 K-2전차의 파워팩 문제에서 볼 수 있듯이 100% 국산화에 집착하는 무기 체계 개발 정책은 국내 기술력 고려 시 한계가 있다. 우수한 체계 장비를 개발해 놓고도 일부 부품의 납품이 안 되어 정상 운용이 불가한 것은 결과적으로 군 전력을 약화시킴은 물론 납기 지연에 따른 엄청난 규모의 지체상금(遲滯償金)으로 방산업체 경영에도 심각한 문제를 야기하고 있다는 점에서 더욱 심각하다.

세계 최대 국방 기술 선진국인 미국조차 방위고등연구계획국(DARPA)의 핵심 기술의 개발 성공률이 10~20% 수준이고, 이스라엘 등 우수한 국방 기술력을 보유한 국가와의 협력을 강화한다는 점에서 큰 교훈이 있다고 하겠다.

셋째, 시장경제 체제·자본주의 국가에서의 무역 및 수출 협상 프로세스는 민간 전문가 영역의 일이다. 러시아의 경우 국영 수출 통제 기업 '로소보론엑스포'가 독점적으로 무기 수출을 담당하고 있으나, 그것은 공산주의 국가 시스템을 오랫동안 유지했던 러시아의 경우이다. 시장경제 체제의 자본주의 국가에서는 공무원으로 구성된 정부 기관이 깊이 관여해서 해결될 분야가 아니라는 것이다. 국내 방산 기업들을 온실 속에서 키우기보다는 국제 방산 시장에서의 협상 능력 강화 등 자생력을 키워주는 방향을 추진해야 한다.

다만, 정부는 수출 대상 국가에 우리 기업의 신인도를 보증해주는 역할을 하고, 국산 무기 체계에 관심이 많은 국가들이 요청하는 무기 구매 금융 지원을 유기적으로 조정하는 역할만 수행하면 된다. 미국의 경우 상업 판매 이외에도 정부가 통제하는 무기 수출 시스템인 FMS(Foreign Military Sale, 대외 군사 판매) 제도와 병행하여 FMF(Foreign Military Financing, 대외 군사 금융 지원) 방식을 적용, 이스라엘 및 중동 각 국가에 무기를 구매할 수 있도록 자금을 지원하고 있다.

러시아, 중국 등도 자국의 방산 수출 시장 확대를 위해 FMF와 유사한 방식으로 저금리 자금을 지원하고 있다. 우리가 개발한 무기 체계의 주요 수출 대상 국가는 선진국이 아니라 경제력이 낮은 후진국의 경우가 더 많다는 점에서 시사하는 바가 크다.

**키워드**
- 방위 산업 육성은 국가 안보의 초석
- 방산 비리와 전문 인력의 방위 산업 참여는 별개의 범주

# 미래 전장 환경에 대한
# 보다 세밀한 분석 필요

미래 지향적 국가 안보를 위해서는 내적·외적 국방 개혁이 필요하다. 그러나 그러한 중차대한 일을 수행하기에 철학의 정립 및 사전 검토가 충분히 되었는가? 그리고 미래 위협을 분석하기에 어떠한 미래 분석 툴(tool)을 사용했는가에 대한 분석부터 다시 시작해야 한다.

문재인 정부는 공식적으로 '북한은 국가가 아니다'라고 발표한 바 있다. 이를 있는 그대로 되새겨 보면 북한 정권은 괴뢰 정부이며, 대한민국의 자유민주주의, 시장경제체제, 자본주의, 법치주의를 인정하지 않고 한반도 내의 안녕과 평화를 방해하는 불순 단체에 불과한 것이다. 더욱이 북한 정권은 자유민주주의 속에서 자유롭게 사고(思考)하고 생활하는 우리와는 인지 구조 자체가 다르다. 단순히 우리와 혈통이 같다는 이유로 모든 것이 용서될 수 없을 만큼, 지난 70여 년간 수많은 해악(害惡)을 대한민국과 국민을 대상으로 저질러 왔다. 그러기에 100% 믿고 공동의 목표를 도모하기에는 그 신뢰도가 너무 빈약하다.

따라서 한반도에서 통일은, 자유민주주의 국가인 대한민국이 '공산주의의 변종인 주체사상'에 찌든 북한 괴뢰 정부를 무력화한 후에야 겨우 가능한 일이다. '자본주의와 공산주의', '민주주의와 독재·사회주의'는 절대 공존할 수 없다는 것은 역사가 증명해 왔고, 북한 정권과 대한민국 내 종북 세력이 수십 년간 주장해온 연방제 역시 오직 북한에만 유리한 방법일 뿐이다.

그러하기에 북한 지역의 공산주의 세력이 완전 해체될 때까지 미국의 전시 작전권 보유 및 한미연합사의 역할이 더욱 중요하다고 볼 수 있다. 더욱이 통일 한국 이후 군사 강대국들인 러시아, 중국, 일본에 둘러싸여 있는 한반도의 지정학적 특성을 살펴본다면 대한민국의 병력을 감축하거나 군사력을 약화시킬 그 어떠한 이유도, 필요도 없다. 평화는 힘이 없으면 지킬 수 없다. 우리 민족은 수천 년 동안 그렇게도 아프고 뼈저린 고통을 수없이 많이 경험하지 않았는가?

사실 전시 작전권은 전쟁이 발생하면 군을 지휘할 수 있다는 작전 통제권(OPCON, Operational Conrtol)을 말한다. 연합군을 구성할 경우 작전 지휘의 효율성을 높이기 위한 것이지 애당초 주권의 침해 문제도 아니라는 것이다.

현 정부가 국민을 상대로 한 '유아적 영웅주의 놀이'에 빠져 있는 동안 철저하게 자본주의, 군산복합체(軍産複合體, military-industrial complex)의 나라인 미국의 입장에서 바라보면 한국 정부를 대상으로 장기간 고가의 첨단 무기들을 판매하여 자국 방산기업의 막대한 수익을 보장하는 더 없이 좋은 기회인 데다, 한반도 안보에 대한 무한 책임의 굴레에서 벗어날 수도 있는 만큼 애써 웃음을 감추며 마지못해 이양하는 것처럼 행동할 수도 있다.

만일 한반도 내에서 전쟁이 발발할 경우 미군은 전시 작전권이 없더라도 한미상호방위조약에 따라 참전할 수 있다. 그러나 간과하지 말아야 할 것은 통상의 전쟁에서 그러했듯이 미군은 절대 독자적으로 전쟁을 수행하지 않는다. 설령 유엔군이 결성되지 않더라도 미군은 한 나라 이상의 지원국을 이끌어내 '다국적군'을 구성할 것이다. 물론 '다국적군의 사령관 임무와 지휘권'은 당연히 미군이 맡게 될 것이다. 그런 것이다. 애당초 국제 관계, 군사 동맹, 군사 전략, 방위산업의 문외한들이 자의적 또는 감정적으로 함부로 재단하고 추진하는 그런 종류의 일들이 아니다.

노무현 정부와 문재인 정부가 그토록 주장하고 있는 전시 작전권의 환수 그리고 한미연합사의 역할이 약화될 수밖에 없는 '미래연합사의 창설'은 그러한 의미에서 국민들의 자존심을 건드려 혹세무민하여 대북 전력 약화를 초래하는 명분에 불과하다. 아무리 긍정적으로 보려고 하여도 서두에서 말한 바와 같이 송양지인(宋襄之仁)의 그것과 '거울 이미지의 오류(behaviors of mirror image)'에 불과해 보인다. 상대방이 어떤 대상을 인식하는 방식이 나와 다르다는 사실을 인정하지 않고 나의 기준으로 보려고 하듯이 말이다.

'국방 개혁 2.0' 그것은 결국 문재인 정부가 아무런 실속도 없는 명분 하나를 챙기기 위한 것에 불과하며, 이에 따르면 대한민국은 국민의 혈세를 더 많은 무기 체계 도입에 써야만 한다. 마치 그것은 세계적으로 기술을 인정받고 성공적으로 잘 운영되고 있던 원자력 발전을 포기하고 엄청난 예산을 쏟아부으면서 태양광 발전을 추진하는 것과 다를 바 없다. 국내 자영업자 폐업률이 72.2%(2017년 기준)나 되는 경제 불황 속에서 말이다.

단지 전시 작전권을 현재처럼 미군이 유지하고, 한미상호방위조약에 근거한 한미연합사의 유지만으로도 미국의 수많은 첨단 자산을 경제적으로 사용할 수 있다. 그런데도 불구하고, 국내 경제를 살필 역량도 예산도 부족한 상태에서 북한 정권의 잔꾀에 동조하여 자발적으로 대한민국을 무장 해제하고 국민의 혈세를 낭비하며 미·중 무역 전쟁 등 심각한 국제 경제 구도 변화 속에서 핵심 동맹국인 미국과의 외교 관계를 소홀히 하고, 국제 사회에서도 외면당할 수밖에 없는 그러한 어설픈 행위는 너무 무책임한 것이 아닌가?

**키워드**
- 국방 개혁은 정치적 목적이 아닌 국가 안보의 입장에서 재검토
- 6·25 당시 한미동맹을 바탕으로 한 전작권의 미국 이양은 가장 합리적 선택

# 1994년 소대장 길들이기, 2021년 참모총장 길들이기

### 고려 말 강군(強軍)은 어디로 사라졌는가?

유럽 역사상 가장 강력했던 군대 중 하나는 우리에게는 알렉산더 대왕으로 알려진 알렉산드로스 3세 대왕(BC 356~323년)의 친위 부대인 '은방패 병단(銀防牌兵團)'이다. 그 숫자는 3,000명에 불과했음에도 언제나 주력 부대를 선도하며 수많은 전장(戰場)에서 병력 수가 훨씬 많은 적군을 상대로 승리를 쟁취하였다.

특히 BC 331년, 당대 전 세계 최고의 군사력을 자랑하던 페르시아 다리우스 3세의 군대와 대결한 '가우가멜라 전투'는 인류 전쟁사의 한 페이지를 장식하는 가장 유명한 전투로 기록되고 있다. 은방패 병단을 필두로 4만 7,000명의 병사는 10만 명이 넘는 페르시아 군을 궤멸 상태로 몰아간 것이다.

한반도 역사 속에서도 은방패 병단과 같은 존재가 있었다. 고려 말 30만 명의 이르는 강군(強軍)을 유지하면서 원(元)제국과 명(明)에 대응하며 민족의 염원인 랴오둥성까지 다시 점령하고 진포에서 3만 명의 왜구와 500여 척의 왜구 선박을 수장시키고 대마도까지 정벌하던 강력한 군대는 그들로 구성되어 있었다. 그러나 조선은, 그토록 강력한 군대를 보유하고 있던 국가 고려를 중국 사대주의 국가를 만들기 위해 멸망시키고 건국한 나라이다. 조선은 불과 50년이 안 되는 짧은 기간 국방력을 무력화시키는 수준으로 몰아 간다.

그 역사의 행간을 올바르게 이해하기 위해서는 고려의 군사 제도와 조선의 군사 제도를 비교해 볼 필요가 있다. 그 중심에는 '사병(私兵) 제도'와 '갑사(甲士) 제도'라는 전문성을 갖춘 직업 군인들의 몰락이 있다. 지금의 사학계는 편협한 세계관과 신념으로 그저 고려 말의 상황을 과도하게 왜곡하고 중국 사대주의 조선 건국의 당위성을 부여하기 위해 급급하고 있다.

사병이란, 말 그대로 경제력을 갖춘 귀족 또는 영주가 자신의 신변 보호를 위해 양성한 군대로, 그 임무의 특성상 고도의 훈련을 받은 3,000명 내외의 전사(戰士)들로 구성되어 있었다. 귀족 다섯 명만 모여도 순식간에 1만 5,000명의 전문 군인이 모일 수 있음을 의미한다.

이성계 역시 원제국의 쌍성총관부 관리로서 '전통적 몽골의 기마 전투 방식'으로 양성한 여진족과 고려인 등으로 구성된 2,000명의 직속 사병들을 보유하고 있었다. 그는 조선의 왕이 되어서도 그의 휘하에 있던 사병들을 왕의 직속 부대인 '의흥친군위(義興親軍衛)'로 편성하고 그대로 유지한다. 갑사 제도의 시작이기도 하다. 이는 유럽의 '기사 제도'와 일본의 '사무라이 제도'와도 비슷하며 조선의 경우 수도 방위 '경갑사(京甲士)', 북부 국경 수비 '양계갑사(兩界甲士)', 호랑이 수렵 담당인 '착호갑사(捉虎甲士)' 제도를 운영하였다.

그러나 1400년 실권을 장악한 이방원이 사병을 혁파한 이후 세종(世宗, 1418~1450년)대에 와서는 국가 재정, 기득권 세력의 병역 기피 등을 이유로 갑사의 대우가 급속히 낮아졌다. 갑사는 이름만 남은 '명예직'으로 바뀌고 군기가 문란해지면서 조선의 군사력은 비참할 정도로 약해졌다. 오죽했으면 서애 류성룡이 임진왜란 당시 병적부의 기록과 실제 병력의 차이를 보고 '조선의 군대는 서류 속의 군대이다'라고 한탄했겠는가. 그나마 명맥을 유지하던 갑사 제도와 기병 전투 방식을 유지하던 조선군 전력은 당대 세계 최고 수준으로 평가받는 일본의 근대식 보병 전술에 밀리면서 임진왜란에서 탄금대 전투 등 전멸에 가까운 패전을 거듭하면서 역사의 뒤안길로 사라지게 되었다.

## 군기가 문란해지고 위계 질서가 무너져버린 대한민국 군대

2020년 12월 24일 육군 대장인 남영신 육군참모총장을 상대로 주임원사들이 인권위에 진정한 초유의 사건이 세상에 공개되었다. 주임원사들이 인권위에 진정한 이유는 아주 단순하였다. 육군참모총장이 화상 회의 시 '군대는 계급 사회인 만큼 장교가 부사관에게 반말로 지시하는 것이 원칙이지만 배려 차원에서 존대해주고 있다'라고 무심코 한 말 때문이다. 물론 잘 해 보자는 취지에서 이야기한 것이 분명하다. 그러나 반응은 정반대로 나타났다. 회의에 참석한 주임원사들이 "자신들은 나이가 많은 만큼 젊은 청년 장교들에게 하대 받을 이유가 없다"라고 주장하며 참모총장을 상대로 인권위에 진정한 것이다.

남영신 대장은 동아대학교를 졸업한, 창군 이래 최초의 학군(ROTC 23기) 출신 육군참모총장이다. 사실 비주류이던 그는 문재인 정부 들어 특수전사령관 및 군사안보지원사령부(구 기무사) 사령관 등 군의 요직을 차례로 거치면서 급속 성장한 대표적 인사이기도 하다. 그러한 점에서 그는 좌파 정치권에 줄을 댄 전형적인 정치 장교에 가깝다. 그런데 정작 그가 임명한 주임원사들이 그를 상대로 인권위에 진정하였다.

그는 공교롭게도 지난 4년간 정부 정책에 적극 동참하면서 1946년 1월 15

일 창설한 이래 3군의 중심을 담당하는 49만의 육군을 이 지경으로 만든 장본인이라는 것이다. 더욱이 최근에는 남성 부사관들이 여성 장교를 집단 폭행하고 성추행한 만행까지 발생하였다. 기실 이러한 일은 1991년 이후 지속되어 온 '군의 민주화'라는 미명과 허울 속에서 자행된 대한민국 국군의 와해 전략의 한 단편이기도 하다.

## 전쟁의 승패는 무기의 우수성보다 확고한 대적관과 정신 전력으로부터

1999년 당시 북한의 기습 도발로 시작된 제1 연평해전 직후, 전투를 승전으로 이끌었음에도 불구하고 제2함대 사령관인 박정성 제독은 강제 전역 조치를 당했다. 그나마 이때까지가 대한민국 군대에서 결의가 살아 있던 마지막 순간이 아닌가 싶다. 군의 전투력은 장비가 아닌 정신력에서 생겨난다. 하지만 그동안 첨단 무기 도입이라는 미명 아래 정작 무기보다 중요한 장병들의 정신 전력을 철저하게 좌경화시키고 무력화시켜 왔다는 것이다.

언론에서는 한국군의 군사력이 세계 6위라고 자랑하고 있다. 그런데 북한이 보유 중인 '핵무기, 화생방 무기' 앞에서는 아무 의미가 없는 숫자에 불과하다. 더욱이 핵무기를 떠나 북한은 세계 3위의 생화학 무기 보유국이다. 이번 코로나 팬데믹에서도 볼 수 있듯이 생화학 무기의 위험은 상상을 초월한다. 무의미한 숫자 놀이에서는 벗어나야 한다.

그런데 군은 문재인 정부 들어 전 세계 최강의 군사력과 실전 경험을 가진 미군과의 한미 연합 훈련을 축소하거나 시행하지 않았으며 2021년 1월 13일 괌 해상에서 진행된 다국적 대잠수함 훈련인 시드레곤(sea dragon) 훈련에도 불참하였다. 그리고 대통령은 1월 18일 신년 기자회견에서 '한미 연합 훈련 시행을 북한과 협의할 수 있다'라고 한 바 있다. 훈련도 제대로 안 된 군대에게 비싼 무기 체계가 무슨 소용이 있겠는가?

더욱이 '군의 정치적 중립'을 주장하고 선동하는 이가 많다. 그러나 군의 정치적 중립은 오직 자유민주주의를 지키는 범위 안에서 논하는 것이지 자유민주주의와 공산주의와의 사이에서 중립을 의미하는 것은 절대 아니다. 전 세계 어디에서나 군은 자유민주주의를 지키는 마지막 보루이다. 베트남전 당시 베트남의 군사력은 미국의 전폭적인 무기 지원으로 동북아 최강의 전력을 자랑하였다. 그런 베트남이 변변찮은 무기로 무장한 베트콩에게 패배하고 국가는 공산화되었으며 자유 베트남인이 집단 도살되고 수많은 보트피플이 탄생하지 않았는가?

## 더 이상 방치할 수 없는 군의 무력화

과거를 돌이켜 보자. 1994년 '53사단 장교 무장 탈영 사건'이라는 사상 초유의 사건이 발생했다. 당시는 김영삼 정부가 주도한 군의 민주화 열풍 속에 신임 소대장인 소위(少尉)들을 대상으로 한 속칭 '소대장 길들이기'가 만연하던 시기였다.

조한섭 소위(학군 32기), 김특중 소위(육사 50기)와 황정희 하사가 동반 무장 탈영하였는데 당시는 육군사관학교 출신에게조차 소대장 길들이기가 행해질 정도였다. 황정희 하사에게는 '일병 이상에게는 경어를 사용하라'까지 했다고 한다. 그리고 당시 소위였던 육사 50기들은 2020년 12월 3일 첫 장군 진급을 하였다. 그리고 불과 21일이 흐른 후 주임원사들이 육군참모총장에게 항명에 가까운 인권위 진정을 하는 사건이 발생하였다. 어찌 보면 이번에 발생한 '장교를 대표하는 참모총장'과 '부사관을 대표하는 주임원사단'의 극명한 갈등은 수십 년간 곪아온 군의 문제가 터진 사건일 수 있다. 다른 시각에서 보면 정권의 힘을 등에 업고 급성장한 '전형적인 정치 군인'인 현 육군 참모총장에 대한 군 내부의 불만이 표출된 사례일 수도 있다.

그러나 군은 일반 사회 조직보다 젊은 조직이다. 6·25전쟁의 영웅 고 백선엽 장군이 37세에 육군참모총장을 하였고 1961년 5·16 혁명 당시 박정희 소장의 나이는 43세, 1979년 12·12의 전두환 소장의 나이는 48세였다. 그와 비교해 보면 지금은 상대적으로 노쇠(老衰)하였다고도 볼 수 있으나 그래도 충분히 젊은 조직이다. 지금 참모총장의 나이 역시 59세, 육군본부 주임원사 또한 54세에 불과하다. UN의 연령 기준으로 보면 18~65세는 청년이다.

그렇다. 군은 계급 고하를 막론하고 청년이다. 20대 초반 임관과 임용 시 품었던 푸른 꿈을 다시 생각하고 자유민주주의 국가를 지키는 숭고한 사명 속에 목숨을 서로 지켜주며 동고동락하는 전우로서의 조직으로 다시 일어서는 계기를 만들자. 그것이 국민이 바라는 군의 참모습일 것이다.

**키워드**
- 강한 군대는 비싼 무기 아닌 정신력으로 유지
- 군은 중립 없어... 오직 자유민주주의를 지키는 마지막 보루
- 군인은 계급 고하를 막론하고 늘 푸른 청년이다.

# 16세기 제승방략을 답습하는
# 대한민국의 국방 전략

2020년 11월 동부 전선으로 북한 남성이 귀순한 것과 관련, 국방부의 미숙한 대처로 온 나라가 시끄러웠다. 호시탐탐 대한민국을 노리는 북한이라는 주적을 머리 위에 두고 있으면서도 병사들이 초소에서 맥주를 배달시켜 먹거나 레이더 초소에서는 북한 전마선이 영해로 들어오는지 파악도 못하는 일은 이제 평범할 정도이다. 우리 강군은 왜 조선 시대의 군대로 전락하고 말았을까?

### 임진왜란 패전의 근본 원인은 무엇일까?

일반적으로 임진왜란 패전의 원인을 일본군의 조총이라는 최신 무기를 앞세운 압도적 군사력에서 찾고 있다. 100% 사실일까? 전쟁의 승패를 결정하는 각각의 전투는 다양한 변화 요소를 가지고 있고 이로 인하여 승패의 번복이 일어나기도 한다. 우수한 무기 체계를 보유하고 있다고 해서 무조건 승리할 수도 없다는 것을 의미한다.

특히 바다를 건너온 원정군의 경우 다양한 문제점을 가지고 있다. 첫째는 병력 동원의 한계가 있고 둘째는 군수 지원 물자 보급의 한계이다. 그러하기에 후속 군수 지원 루트가 확보되지 않은 상태에서의 진격은 불 속으로 뛰어드는 나방과 같이 무모한 행위일 수도 있다.

6·25전쟁에서 기습 속도전으로 밀고 내려온 북한 조선인민군이 서울에서 잠시 멈춘 이유도, 부산을 통한 지속적인 군수 지원으로 인해 낙동강 전선을 끝내 넘지 못하고, 맥아더 장군의 인천상륙작전에 의해 군수 지원 루트와 퇴로가 차단된 이후 급격히 와해된 전례도 이와 같은 이유에서이다.

임진왜란에서 조선군이 연전 연패(連戰連敗)한 근본 이유는 다름 아닌 '제승방략(制勝方略)'이라는 조선군의 작전 계획의 비합리성에서 비롯되었다. 그리고 앞에서 이미 설명하였듯이 전문 군사 집단인 갑사의 몰락과 함께 전 국민의 대부분이 노비인 조선 사회의 모순에서 비롯되었다. 즉 전략도 미흡하고 병력(兵力) 자체에도 문제가 심각하였다는 것이다.


## 상상 속의 작전 계획, 제승방략

제승방략은, 당시 '북방의 명장'이었지만 우리에게는 임진왜란 초기 패전 후 도망친 장수로 알려진 순변사 이일이 수립한 작전 계획(OPLAN)이다. 이는 한반도 북방의 소규모 부족 단위의 여진족 도발에 대응하기 위해 만들어진 전술이다.

제승방략이 제대로 활용되기 위해서는 다음과 같은 조건들이 반드시 뒷받침되어야 한다. 첫째, 적 도발에 대한 지속적인 정보 감시 태세(WATCH-CON)와 함께 신속한 상황 전파 및 즉각적인 방어 준비 태세(DEFCON)가 완비되어야 한다. 둘째, 국경을 침범한 적군을 1차 저지선에서 최대한 오래 묶어둘 수 있는 방어가 가능해야 하며 그동안 2차 저지선 이후의 중앙 파병 군사들이 정위치되어야 한다. 셋째, 현장 작전 지휘권을 가진 중앙 지휘관과 그의 직속 병력인 정예 갑사들을 즉각적으로 소집 및 파병하여야 한다. 그리고 무엇보다도 작전을 지휘하는 지휘관들이 교전 지역에 대한 정보를 사전에 면밀히 분석하고 있어야 한다.

그러나 이미 조선은 강력했던 고려말 군사력을 그대로 사장하고 오직 200년간 중국 사대주의를 국정 운영의 목표로 하여 성리학에 입각한 농경주의 국가로 변해 버린 상태였다. 특히 대립제, 방군수포제 등으로 군역 자체가 문란해짐으로써 실제 동원 가능 병력이 현저히 축소된 상태였으며 동원되더라도 대부분 평범한 농민들이었기에 전투력은 애당초 기대할 수 없었다.

### 절대 이길 수 없게 만들어 놓고 전투 수행

절대 이길 수 없었던 전투의 대표적 예는 잘 알려져 있지 않은 '북천전투'와 '용인전투'이다. 제승방략에 따라 1차 및 2차 방어선은 지역별 병마절도사(兵使), 수군절도사(水使)가 지휘하고 중앙에서 파견된 순찰사(巡察使)나 관찰사(觀察使)가 도착하면 지휘권이 전환된다. 3차, 4차 방어선 역시 도순변사(都巡邊使), 순변사(巡邊使)가 예하 병력을 이끌고 적을 방어한다.

왜군이 1592년 5월 23일 불과 두 시간 만에 거의 무방비 상태의 부산성을 함락시키고 북진한다는 소식이 나흘 후에야 한양에 도착하였다. 이에 조선 정부는 이일을 순변사로 임명하고 급히 파견했다. 그러나 실제 소집된 군관은 60명에 불과하였다. 6월 2일 순변사 이일은 방어 거점 대구가 이미 함락되었다는 소식을 듣고 상주, 함창의 관군 900명, 충청방어사 '변기'의 기마병 100명 등 1,000여 명의 병력을 모아 상주에서 결전하기로 했다. 그러나 왜군은 6월 4일 북천을 도강(渡江)하여 조선군 진영을 에워싸고 조총 사격을 함으로써 짧은 시간에 조선군을 궤멸시켰다.

곧이어 조선 최고의 명장이었던 도순변사 신립조차 불과 2,480명만을 데리고 내려가 탄금대에서 급조된 1만 6,000명의 병사와 함께 싸웠으나 북천전투에서와 마찬가지로 짧은 시간 내에 전멸하였다. 이미 조선의 안보 시스템은 조선을 지킬 수 없을 만큼 무너져 있었기에 용감히 싸우다 전사한 신립과 그의 병사들을 무능하다고 비난할 필요는 없다.

용인전투는 아마도 한반도 역사상 최악의 패전으로 기록될 만한 수치스러운 사건 중 하나이다. 전라도에서 소집된 '근왕군(勤王軍) 13만여 명'은 한양으로 북상 중에 용인에서 최소한 경계 병력도 없이 모두가 아침밥을 먹고 있었다. 이때 와키자카 야스하루[脇坂安治]가 이끌고 온 일본군 1,600명이 공격해 오자 병장기를 버리고 혼비백산하여 도망가다가 많은 인원이 깔려 죽었다. 웃지도 못할 대참사극이었다. 사실 전투라는 표현을 쓰는 것조차 사치이다. '현실성 없는 작전 계획과 훈련받지 않은 병사로는 절대 전쟁을 수행할 수 없다. 지금 우리 군은 훈련을 제대로 하고 있는가?

## 제승방략의 데자뷔, 암울한 안보 현실

현대전에 와서는 지휘소 연습(CPX)과 실제 기동 훈련(FTX)으로 나누어 전쟁을 연습하고 전투 방법을 훈련한다. 흔히 알고 있을 을지연습은 대표적인 지휘소 연습이며 이는 컴퓨터 시뮬레이션 게임과도 같다. 아군과 대항군으로 분리된 지휘소(CP)에서 각자의 역할을 수행하며 사전 입력된 전술 자료와 화력별 '전력 지수'를 입력한 후 시뮬레이션으로 전쟁을 수행한다. 그리고 당초 수립된 작전 계획에 따라 일부 부대를 차출하여 '부여된 상황과 시나리오'에 따라 실제 야외 기동 훈련을 실시함으로써 소기의 목적을 달성하게 된다.

그런데 2018년 이후 대규모 기동 훈련(FTX)을 4년째 실시하지 않고 있으며 2019년에는 3대 연합 연습/훈련인 키리졸브(KR), 독수리 훈련(FE), 을지프리덤가디언(UFG)'를 폐지하였다. 가장 큰 문제는 현재 24개월 수준의 병사 복무 기간 고려 시 '현재 복무 중인 병사 모두는 기동 훈련 경험이 전무'하다는 것이다. 실제 전쟁 경험은 말할 것도 없고 훈련 경험조차 없다. 물론 부사관, 장교도 2017년 이후 임관자도 마찬가지라는 점에서 그 심각성은 엄청나다고 볼 수 있다. 이미 대한민국 군대는 무력화되었다.

로버트 에이브럼스 한미연합사령관은 "실탄 훈련을 하지 않으면 실전에서 부하들의 피를 부른다"라며 "연합 훈련이 컴퓨터 게임으로 전락하는 것은 곤란하다"라고 우려를 피력했다고 한다. 그런데 그 무렵 정부는 '코로나 백신 수송 훈련'을 했다. 그것도 '기관총'으로 무장한 경찰 병력을 동원해서 말이다. 기본적으로 무장 호송(CONVOY)은 전시 상황이거나 적대 세력의 무장 공격이 예상되는 위험 지역을 이동 시에 행하는 무력 시위의 일종이다. 전 세계에서 가장 치안이 잘된 대한민국에서 벌이는 것은 후안무치한 일이다. 정작 국가의 영토와 국민의 생명을 직접 보호해야 하는 군대의 훈련은 4년째 미실시하면서 오히려 국민을 상대하는 경찰의 무장 훈련을 강화한다는 것은 어떻게 이해해야 하는 것인가?

6·25전쟁의 전범인 중국 공산당 주도의 일대일로 전략과 노골적인 경제, 문화 잠식이 더욱 노골화되어가는 이 중차대한 시기에 혈맹국 미국과의 군사 동맹을 와해시키고 대한민국 군대를 병약하게 만드는 행위가 앞서 임진왜란을 야기했던 조선 시대 사대부들이 저질렀던 민족 반역 행위와 다른 것이 그 무엇인가? 조선 시대와 마찬가지로 지금도 중화사상에 빠진 좌파 정치 그룹으로 인해 국가의 안보는 더욱 위협받고 국가의 경제는 더더욱 위태로우

며 국민의 생존조차 위협받는 절체절명의 상황이다.

**키워드**
- 임진왜란 패전의 근본 원인은 허술한 작전 계획과 훈련받지 못한 병사
- 실탄 훈련을 하지 않으면 실전에서 부하들의 피를 부른다.
- 군은 무장 해제하고 경찰을 무장시키는 모순된 세상

대한민국이란 배의
다음 귀항지는 어디인가?

# 진보주의의 허상,
# 그들은 진정한 **퇴보주의자**

빛의 3원색은 '레드(red), 그린(green), 블루(blue)'이고, 색의 3원색은 '시안(cyan), 마젠타(magenta), 옐로우(yellow)'이다. 시안 칼라는 옅은 블루 빛깔이고 마젠타는 레드와 비슷하여 일반적으로 미술 혹은 과학 시간에 배웠다고 치더라도 쉽게 구분되지 않아 혼동할 수도 있다.

그러나 빛의 3원색과 색의 3원색에는 근본적이 차이가 있다. 그것은 빛의 3원색을 한곳에 비추면 백광(white)이 되는 반면 색의 3원색을 혼합하면 검은색(black)이 된다는 것이다. 그러하다. 얼핏 보면 비슷할 것만 같은 생각과 방법이 결과적으로 다른 결과를 초래하게 된다. 만일 정책을 수립하고 국가를 운영하는 정치 집단이 빛과 색의 근본적인 차이처럼 현실을 이해하지 못한다면 그들이 만들어내는 정책은 밝은 백광이 아니라 오직 어두운 검은색이 될 뿐이다.

국가를 운영하려면 정책과 예산, 그리고 그것을 수행할 사람 즉 공무원이 필요하다. 빛의 3원색과 색의 3원색은 그 근본적 차이가 있듯이 이 세 가지 요소가 잘못 구성되거나 그 중 하나라도 문제가 있다면 국가 운영에 있어 심각한 악영향을 초래하고 만다. 언뜻 보면 비슷해 보일 수도 있는 외교, 안보, 국방, 경제, 문화 정책 그 모든 분야에 있어 국정을 운영하는 정부가 잘못된 가치관과 신념을 가진 자신들만의 판단력으로 그 모든 것을 계획하고 추진한다면 그 결과는 명약관화(明若觀火)할 뿐이라는 것이다.

## 모든 것은 전 정권의 책임이라고 말한 문재인 정부

온 국민의 분노를 샀던 '한국토지주택공사(LH) 직원들의 불법 부동산 투기' 사건을 두고 집권 여당인 더불어민주당의 이낙연 상임선대위원장은 "2009년 이명박 정부가 토지공사와 주택공사를 통합한 이후 너무 많은 정보와 권한이 집중되었다"라면서 모든 책임은 이명박 정부에 있다고 공식적으로 주장하였다.

그런데 한번 생각해 보자. 이명박 전 대통령이 퇴임한 지 벌써 9년이 다 되어간다. 그리고 그 사이에 대통령이 두 번 바뀌었으며 문재인 대통령이 정권을 잡은 것조차 벌써 5년이 지났다. 언제까지 전 정권의 탓을 할 것인가? 철부지 어린아이도 이 나이쯤 되면 자신의 잘못을 인정하고 미안하다고 할 정도로 성장하지 않았을까? 아직도 철 지난 이념에 빠져 정신 세계는 1980년에 고착되어 있는 흑백 사진 속의 인물들을 보고 있는 것만 같다.

그들이 진보주의를 외치지만 현실 속에서의 그들의 본 모습은 진정한 '퇴보주의자'에 지나지 않는다. 오죽했으면 정의당의 심상정 의원까지 '촛불 정부까지 투기를 하다니 LH는 문재인 정부의 적폐'라고 정의하는 웃지도 못할 상황까지 연출되고 있는 실정이다. 사실 심상정의 논평은 시사하는 바가 매우 크다. 자타공인 좌파 정당인 정의당의 입장에서 볼 때 문재인 정부와 더불어민주당이 좌파도 아닌 마치 공산주의자들의 인민재판을 대체한 '적폐'라는 단어로 대한민국의 모든 업적과 시스템을 단정 짓고 무소불위의 권력으로 처단에만 몰두한 것으로 보였을 것이다. 심상정 의원의 정의처럼 '자발적 적폐 정치 그룹'의 논리라면 지금 대한민국에서 발생하는 그 모든 것은 단군 할아버지가 이 땅에 터를 잡은 탓일 것이다.

## 북한 정권은 모든 것이 대한민국 책임이라 말한다

북한의 우두머리 김정은의 동생 김여정은 2021년 3월 16일 새벽에 한미 합동 군사 훈련을 두고 "모든 남북 합의를 파기하겠다"라며 으름장을 놓았다. 다시 말해 남북한 간의 갈등을 초래하는 모든 원인은 무조건 대한민국의 책임이라는 것이다. 모든 것은 전 정권의 책임이라고 주장하는 문재인 정부나 모든 것은 대한민국의 책임이라고 주장하는 북한 정권 사이에 묘한 공통점이 있지 않은가?

그렇다. 그들은 그렇다. 결코 자신들의 잘못을 인정하지 않고 무조건 남의 탓만을 한다. 그것이 배려와 책임을 모르는 공산주의와 그것을 찬양하는 자들의 공통점이라는 것이다. 게다가 마치 지령이라도 받은 것처럼 '전국교직원 노동조합(전교조)'들도 한미 연합 훈련을 반대한다는 공식 입장을 표명하였다. 우리 자유 대한민국의 미래인 교육 현장에서 공산주의를 찬양하고 우리 어린 청소년들에게 공산주의를 세뇌시키고 있는 전교조의 정체성을 여실히 보여주는 바로미터이다.

김여정의 망언에 국방부는 전반기 한미연합지휘소훈련(CCPT)은 연례적으로 실시해 온 방어적 성격의 훈련이라고 언급하는 등 소극적 대응을 하였다. 이 훈련은 그동안 진행하던 각종 한미 간 연합 훈련을 '북한의 눈치'를 보고 대폭 축소한 개념으로 통상의 절차와 같이 1단계(8~12일) 지휘소연습(CPX)에 이어 2단계(14~18일) 실기동훈련(FTX) 순으로 진행한다.

다시 말해 수십 년간 진행해 온 통상의 연습 및 훈련이라는 것이다. 그토록 오랜 기간 진행해 온 한미 연합 훈련이 실제로 북한에 물리적 위협을 주었는가? 시도 때도 없이 핵무기 실험을 하고 장거리 미사일 발사 시험을 하고 1, 2차 연평해전, 천안함 어뢰 공격, 연평도 포격 도발 등 물리적인 공격 행위로 우리 젊은이들의 목숨을 앗아간 이들은 과연 누구인가? 이러한 불법적이고 악랄한 군사적 무력 도발 행위를 서슴지 않고 행했던 이들 또한 누구인가?

이런 중에 국방부는 생뚱맞게 '사병들의 머리를 기르게 하겠다'라는 방침을 발표하였다. 이를 두고 수많은 예비역조차 심하게 반발했다. 군인이 머리를 짧게 자르는 이유는 무엇일까? 속칭 군기를 잡는다는 단순한 이유만 있는 게 아니다. 부상 발생 시 신속한 치료에 대비하고 단체 생활에 따른 기생충 발생 예방에 그 근본 목적이 있다. 반면 해군의 경우 육군과 달리 머리를 기른다. 왜 그럴까? 그 이유는 물에 빠졌을 때 머리채를 잡고 신속히 구조하기 위함이다. 군인에게 있어 두발 길이의 기준은 철저하게 '생존'이라고 단정지을 수 있다.

무엇보다도 강군의 조건은 비싼 무기가 아니다. 1970년대 베트남전 당시 미국의 대폭적 군사 지원을 받은 월남의 군사력은 동북아 최강의 전력을 자랑하였다. 그런 월남이 변변찮은 무기로 무장한 베트콩에게 연전연패하고 국가가 망하고 공산화되었으며 수많은 베트남인이 도살되고 보트 피플이 탄생하였다. 북한의 문제는 핵무기에 집중되어 있으나 정작 실효적으로 더 큰 문제는 북한이 세계 3위 수준의 생화학 무기 보유국이라는 점이다. 이번 코로나 팬데믹에서도 볼 수 있듯이 생화학 무기의 위험은 상상을 초월한다. 이 또한 대한민국의 책임인가?

## '촛불 정신'의 종착점은 그들만의 '적폐 창출'인가?

2021년 3월 17일자 언론 보도에 따르면 뒷돈과 향응 접대 그리고 취업 청탁까지, 한국토지주택공사(LH) 기강 해이가 매우 심각하다고 한다. 봇물 터지듯이 수없이 많은 제보가 들어오고 있나 보다. 문재인 대통령은 이를 두고 "부동산 적폐 청산과 거래 질서 확립을 남은 임기 핵심 국정 과제로 삼겠다"라고 말했다.

과연 좌파 정치 그룹에게 있어 적폐가 아닌 것은 그 무엇인가? 본인들이 이미 역사상 가장 큰 적폐 세력이 되어 있음을 인지하지 못하고 있는가? 문대통령은 부동산 적폐 청산이 자기들 정부를 탄생시킨 '촛불 정신'을 구현하는 것이라고 강조하였다. 과연 촛불 정신은 또 무엇인가?

게다가 지금 이 땅의 '민주노총'이라는 단체, 실제로는 반민주적 세력인 그들은 '주택의 50%를 국유화'하여야 한다고 주장까지 하였다. 말 그대로 공산주의를 하자고 주장하는 것이다. 그들의 최종 목적지는 6·25전쟁을 일으켜 민족을 대량 학살하고 공산주의로 2,000만 명의 북한 주민을 괴롭히고 있는 조선민주주의인민공화국 정권과의 야합인가?

북한이 모든 잘못은 대한민국의 책임이라고 하고 문재인 정부는 모든 잘못은 전 정부의 책임이라고 한다면 그냥 북한에서 자유민주주의를 꿈꾸는 선량한 주민들과 지금 대한민국에서 북한 공산주의 정권을 추종하는 이들이 자리를 맞바꾸고 각자 원하는 나라에서 살 수 있도록 하는 것이 서로에게 이롭지 아니하겠는가?

**키워드**
- 진보주의의 허상, 그들의 본 모습은 퇴보주의자
- 자유주의 아래 미래를 건설하는 사람들이 진정한 진보주의자들이다.

# 우리가 만든 나라,
# 우리가 지켜야 할 나라

한민족과 한반도를 중심으로 하는 누천 년 역사 속에서 모든 국민에게 자유가 주어진 나라는 '대한민국'이 유일하다. 중국의 과도한 통제 아래 반식민지 수준의 나라였던 조선을 지나 36년간의 일본제국과 병합(倂合) 기간에도 조선 왕실은 그대로 일본 황실과 융합되어 그 세계(世系)를 유지하고 있었다. 1945년 8월 일본제국의 패망 이후에도 승전국 미국과의 면밀한 연대 관계를 유지하고 있던 선각자들의 노력이 없었다면 영친왕의 재집권 가능성 등 자칫 '최악의 노비 국가'였던 조선으로 되돌아갈 수도 있는 절체절명의 순간도 있었다.

## 봉건주의 국가가 아닌 자유민주주의 국가로 재탄생하다

대부분의 국민은 모르고 있는 사실이지만 영친왕은 공식적으로 일본 황실의 주요 구성원으로 그 지위를 보장받았으며 일본 천황 다음으로 많은 세비를 받고 대규모 저택에서 생활하는 등 호화로운 삶을 영위하였다. 무력적 독립 기반을 확보하려고 현대식 군사 기술을 배우기 위해 일본 육군사관학교에 진학한 많은 젊은이가 그를 찾아가 독립에 대한 의견을 물어보았으나 정작 영친왕 본인은 묵묵부답으로 자신의 안위만을 지키고 있었을 뿐이다.

그런데 예기치 않게 미군의 히로시마, 나가사키 원폭 투하 이후 일본제국이 무조건 항복을 선택하자 영친왕의 심경은 복잡해졌다. 그는 맥아더 장군을 찾아가 자신이 조선의 왕이니 조선 땅과 자신의 직위를 복원시켜 달라고까지 하였다는 이야기도 전해진다.

그러나 여타국과는 다르게 전쟁을 통해 강제로 주권을 빼앗긴 것도 아니고 공식 외교 문서를 통해 양국 간 병합한 상태였으며 더욱이 일본 황실과 조선 왕실이 혼인 관계로 통합되었기에 한반도의 경우 국제적으로는 오직 태평양 전쟁의 패전국인 일본제국의 한 지방으로 인식되었을 뿐이다.

때마침 청년 시절부터 미국에서 공부하고 맥아더 장군은 물론 미국 정계 유력 인사들과의 유대 관계를 가지고 있던 이승만이 있었다. 그의 노력에 의해 대한민국 건국의 정당성이 받아들여져 지금의 자유민주주의의 대한민국이 탄생하게 되었다. 우리 대한민국은 그렇게 건국되었고 지금의 대한민국으로 발전하게 되었다. 좌파 정치 그룹과 추종자들이 아무리 낭설(浪說)을 주장하여도 진실은 절대 감출 수는 없다.

사실 일본제국의 경우 원폭 이후에도 군부 내 강경파들은 '지속적 항전'을 주장하였다. 이들의 주장대로 전쟁이 지속되었다면 대륙 진출을 위해 수많은 군수 공장이 건설되어 있고 식량 보급지였던 한반도는 필수불가결하게 연합군의 집중 폭격을 받았을 것이다.

아이러니하게도 일본 천황제를 존속하는 '국체호지(國體護持)'를 조건으로 일본제국 군부의 강경한 항전 주장을 아우르고 무조건 항복을 성공시킨 사람은 다름 아닌 임진왜란 시기에 일본으로 이주한 도공 박평의(朴平意)의 후손인 도고 시게노리[東郷茂徳] 외무대신이었다. 박평의는 앞에서 소개한 바 있는 심당길(沈當吉)이 만든 심수관(沈壽官)과 함께 일본 도자기를 대표하는 사쓰마 도기[薩摩陶器]를 일으킨 장본인이다. 그의 후손인 박수승(朴壽勝)은 영특한 아들을 성공시키고자 사쓰마 지역의 실력가인 도고 야하치로[東鄕彌八郎] 밑으로 입적시킴으로써 '도고'라는 성씨를 처음 얻게 되었다.

이와 같이 한반도가 태평양 전쟁의 직접적 피해를 받지 않고 대한민국으로 독립하고 건국하는 과정에는 일반적으로 알려지지 않은 일이 많다.

## 패거리 선동에 의해 몰락하는 자유주의와 시장경제 시스템

대한민국 경제 성장의 대표적 모델은 5·16혁명 이후 1962년부터 1996년까지 총 일곱 차례 실행된 경제발전 5개년 계획이다. 그러나 좌파 정치 그룹은 2013년부터 2016년 박근혜 대통령 탄핵까지 이승만 대통령과 박정희 대통령을 비판하는 프로파간다를 목적으로 하는 '100년 전쟁'이라는 다큐멘터리를 지속 방영함으로서 국민들을 집단 최면에 가까울 정도로 현혹시켰다.

이들의 주장에 따르면 대한민국의 경제 성장, 민주화 등 모든 것은 누구의 노력과 희생도 필요 없이 '저절로 될 일'이었을 뿐이고 미국은 도움을 준 나라가 아닌 오직 침략의 세력이었다. 또 건국 대통령 이승만의 철학과 노력 그리고 박정희 정부의 경제 발전 성과를 무조건 폄훼하였다. 그리고 이는 최순실 사건과 맞물려 대통령 탄핵이라는 초유의 사태를 초래하였고 이후 좌파 정치 그룹에 의해 대한민국의 모든 것이 철저하게 무너져 내리게 되었다.

공상(空想)이 아닌 현실을 직시해 보자. 그들의 주장처럼 6·25전쟁이 끝난 1953년 이후 대한민국의 경제 성장은 저절로 이루어질 수 있었겠는가? 사회의 발전은 젊은 엘리트의 이동에 의한다. 그것은 어느 세기, 어느 국가에서든지 공통된 현상이었다. 일본 제국주의 시절에도 조선의 엘리트들이 가장 많이 진학한 곳은 사범대와 일본 육사였다. 그리고 해방 이후 미군정이 시작되면서 이 땅의 엘리트들은 지금의 육군사관학교의 전신인 군사영어학교에 진학하여 선진 문물을 배우고 영어를 익힘으로써 당대 최강 국가인 미국과의 유대 관계를 강화하였다. 이것이 전후 대한민국 재건의 시작이었다.

5·16 이후 1963년부터 1991년까지 대한민국에서는 근 30년간 육군사관학교 출신들이 연이어 대통령직을 수행하면서 수많은 젊은 인재가 목적을 가지고 사관학교에 진학하였다. 그래서 1992년 문민정부 출범 이전까지 장차관 및 국회의원 등 고위직의 20% 수준이 사관학교 출신들이었다. 그 이후 국가의 엘리트들은 전기 전자 반도체 산업으로 이동하여 대한민국의 반도체 산업을 육성하였고 최근까지는 많은 엘리트가 의료계로 진출하였다. 작금의 대한민국의 의료 기술이 세계 일류로 발전한 이유는 바로 엘리트들의 이동에서 찾아 볼 수 있다. 노무현 대통령 시절 법조계 진출의 다양성을 위한다며 로스쿨 제도를 본격 시동하면서 사시 출신들의 아성이 무너지고 있기는 하나 법조계는 항상 엘리트들이 집중하는 분야이기도 하였다.

그런데 지금 그리고 앞으로 우리 대한민국을 이끌어 갈 젊은이들은 어디로 가고 있는가? 일확천금을 꿈꾸며 도박과도 같은 비트코인 열풍에 빠져 있는가? 아니면 하루하루 아르바이트로 연명하며 실업 수당을 목표로 취업과 퇴사를 반복하고 있는가?

과거 젊은이들과 엘리트들의 이동 중심에는 '희망'이라는 목표가 있었다. 부모의 재산이나 배경이 아닌 자신의 노력만으로 무엇인가 성취하고 성공할 수 있다는 자신감이 있었고 대한민국은 그러한 젊은이들에게 기회를 부여하였다. 그런데 지금 우리 젊은이들에게 그러한 희망이 존재하는가? 아니면 그 희망을 인위적으로 없애버리고 있는가?

'참교육'이라는 미명 아래 전교조에 의해 수십 년간 자행되어 온 좌경화,

우민화 교육의 결과가 바로 지금 나타나고 있는 것이다. 필자는 아직도 외우고 있는 것이 있다. '우리는 민족 중흥의 역사적 사명을 띠고 이 땅에 태어났다. (중략) 성실한 마음과 튼튼한 몸으로 학문과 기술을 배우고 익히며 타고난 저마다의 소질을 계발하고'로 이어지는 '국민교육헌장'이다. 우리는 그들이 주장하는 참교육을 받지 않았으나 그 누구보다 나라를 사랑하고 학문과 기술을 배우려 노력했고 지금도 우리 후손들의 미래를 걱정하고 있다. 누가 진정한 참교육을 받았을까?

좌파 정치 그룹은 언제나 허울만 좋은 그럴듯한 속임수로 진실을 왜곡하는 선전 선동으로만 국가를 운영해왔다. 결국은 우리의 선배들이 지난 70년간 쌓아놓은 성과를 하나둘씩 파괴하여 이제 곧 일류 국가가 될 수 있었던 이 나라를 어디 있는지도 모를 감비아라는 국가와 우방임을 자랑해야 하는 3류 국가로 전락시키고 말았다.

이제 기나긴 겨울을 뚫고 따뜻한 봄바람이 대한민국에 불어오기를 기대한다.

**키워드**
● 수많은 순국 선열의 희생으로 만든 이 나라를 반드시 지켜내자.

# 20년 전 20대,
# 지금은 40대 그들이 바라는 세상

## 20년 전 20대, 그들은 누구였는가?

지금으로부터 20년 전인 2002년을 기억하는가? '노란 저금통'에 돈을 넣어 대통령 선거에 출마한 노무현을 지원하는 퍼포먼스가 전국적으로 펼쳐졌다. 그의 열풍은 기존의 정치인이 아닌 새로운 변화를 요구하는 시대적 트랜드에 발맞춰 20대 젊은이들의 압도적 지지를 받았다. 그의 공약 중 하나였던 군 복무 22개월은 당시 경쟁 후보였던 이회창 후보의 공약보다 짧았으며 사실상 군 복무, 복학, 연인 등 현실을 앞에 둔 이는 20대 남녀 누구에게나 강력한 지지를 받는 계기가 되었다. 물론 그가 대통령이 된 후 안보 현실을 알게 되자 그 공약은 지켜지지 않았다.

당시 막 20대에 들어선 세대에는 공통점이 있었다. 바로 '전교조 세대'라는 것이다. 특히 1998~1999년간 교육부 장관을 맡았던 이해찬의 지원에 힘입어 전교조의 본격적 활동이 정점에 이르게 되었다. 이들의 좌경화 교육으로 세뇌된 20대들에게 있어 대한민국은, 태어나지 말았어야 할 부정의 대상이며 국가와 국민의 생명과 재산 보호 그리고 국가의 점진적 발전이 제일 우선인 보수주의는 미 제국주의의 앞잡이이며 북한과의 통일을 방해하는 민족 반역자 집단으로 각인되었던 것이다. 이렇게 세뇌된 거짓은 다시 되돌리기도 쉽지 않다.

## 홍위병들이 정권을 빼앗고 국가를 사유화하다

좌파 정치 그룹과 추종 세력의 가장 큰 특징은 국가를 사유화하였다는 것이다. 공수처, 국가수사본부라는 어용기관을 만들어 사법 체계를 혼란시키는 것은 마치 구한말 고종이 외세로부터 국가를 지키기보다는 '내장원(內藏院)'이라는 직속 기관을 만들어 국가의 재산을 사유화하였던 행동과 비슷하다. 중국 우한발 코로나 팬데믹으로 시작된 이 국난의 시기에 말이다. 조국 비리를 시작으로 LH 사태로 이어지는 행태는 조족지혈(鳥足之血)에 불과하다. 조사하면 조사할수록 밝혀지지 않은 권력 남용 부정 비리의 끝은 보이지도 않을 듯하다.

그런데 어이없게도 적반하장(賊反荷杖) 격으로 2021년 3월 29일 더불어민주당은 공직자 지위를 활용해 부동산 투기 이익을 얻는 자는 '친일 반민족 행위자'와 같은 반열로 규정하자고 주장하였다. 좌파 정치 집단은 틈만 나면 '반일종족주의'를 내세운다. 그러나 이번에는 전 국민의힘 윤희숙 의원의 말처럼 스스로 "내가 바로 진정한 친일파이다"라고 커밍아웃하는 것과도 같다.

좌파 정치 그룹이 무소불위(無所不爲)의 권력을 휘두르고 있는 이 상황에서 누가 불법 투기로 부당 이득을 취할 수 있겠는가? 실례로 민주당이 앞장서서 국제 공항 건설을 선동하고 있는 가덕도 요충지의 땅 주인들은 누구인가? 수원시의 사이언스파크 개발과 관련한 요충지에 땅을 점유하고 있는 이들은 누구인가? 그들은 성추행범인 오거돈 전 부산시장과 염태영 현 수원시장의 친인척들이다. 어찌 이리도 후안무치할 수 있는가?

더욱이 같은 날 민주당의 설훈 등 73명의 국회의원은 '민주유공자 예우에 관한 법률 제정안'을 발의하였다. 이 법의 대상자들에게는 '교육, 취업, 의료, 양로, 양육, 대부 지원'까지 태어나면 죽을 때까지 원스톱 서비스를 제공하겠다는 것이다. 이것이 말이 되는가? 이 대한민국을 건국한 공로도 아니고 공산주의자들과 목숨 걸고 싸운 군인들도 아니며 이 나라를 반석 위에 올린 경제 발전의 산업 역군들도 아니다. 그 대상자마저도 모호한 그들에게 국민이 세금으로 모든 것을 해주겠다는 것이다.

불과 하루만인 30일에는 국민 여론을 의식한 나머지 철회 요구서를 제출하였다. 이들에게는 입법 행위조차 그저 슬쩍 내밀었다가 분위기가 심상치 않으면 아니라고 주장하는 철부지 어린 아이들의 장난과 같다. 신원식 국회의원의 사자후와 같은 외침이 다시 들리는 것 같다.

"이 나라가 너희 것이냐?"

지금 40대들이 20대였던 2002년, 그해 6월 월드컵 열풍이 한창이던 바로 그때 대한민국은 조선민주주의인민공화국(북한)으로부터 잊지 못할, 잊어서는 결코 안 될 해상 무력 도발을 당했다. 북한 해군이 서해에서 월드컵 경호 경비 작전을 수행하던 우리 군 고속정 편대를 불시에 공격한 것이다. 이 도발로 PKM-357 지휘관 윤영하 소령을 비롯하여 여섯 명의 장병이 전사하였다.

당시 김대중 정부는 조용히 처리할 것을 지시하였다. 해군참모총장이던 장정길 대장은 정부와 국민의 외면 속에 대전 현충원에서 부하들의 유골을 땅에 묻으며 이 비분강개(悲憤慷慨)의 날을 결코 잊지 말자며 눈물을 흘렸다고 전해진다. 아마도 그가 해군사관학교 생도대장 시절, 본인이 직접 교육시킨 사관 생도 윤영하의 전사는 뼈를 깎는 고통으로 다가왔을 것이다.

그리고 시간이 흘러 북한은 2010년 3월 26일 또다시 무력 도발을 하였다. 서해에서 경비 작전 중이던 천안함에 어뢰 공격을 가해 46명의 젊은이가 전사하였고 인양 작전을 하던 한주호 준위도 순직하는 사건이 발생하였다. 북한의 공격 행위는 매우 계획적이고 악랄하였다. 무력 도발 자체의 심각성도 있으나 윤영하 소령의 아버지인 윤두호(예비역 해군 대위) 씨가 1970년 6월 같은 해역에서 북한의 간첩선을 격침한 바 있었고 천안함 역시 제1연평해전에 참전하여 공을 세웠다는 점도 우연으로 여겨지지 않는다. 오랜 기간 보복을 준비하고 만행을 저지르는 것이다.

그런데, 천안함 추모식 행사에서 민주당 김태년 원내 대표의 모습은 과히 충격적이었다. 그는 그 숭고한 자리에서 보란 듯이 꾸벅꾸벅 졸고 있었고 그 모습은 전 언론 매체를 통해 전국에 보도되었다. 그들은 도대체 어느 나라 사람이며 어느 나라의 정치인들인가? 월드컵 경기에 환호하면서 자신들과 같은 나이대의 해군 장병들이 북한군의 기습 공격으로 산화하는 그 광경을 목격한 이 땅의 20대, 지금의 40대들은 무슨 생각을 하고 살아가고 있는가? 그들은 전교조의 교육대로 살아가는 마리오네트(꼭두각시)에 불과한 것인가?

## 노란 저금통의 그들이 바라던 세상은 중국 공산당의 속국인가?

2021년 4월 7일 더불어민주당 서울시장 후보로 나선 박영선 의원은 중국인들에게 선거권을 주자고 주장했다. 또 얼마 전 '조선구마사'라는 모 방송사의 드라마가 지나친 중국 사대주의를 표방하자 많은 국민의 탄원이 쏟아졌다. 이에 영업 손실을 우려한 협찬사들의 협찬 거절로 방영 2회 만에 방송을 중단하게 되었다. 강원도에서는 도지사 최문순이 중국인을 위한 문화타운을 건설하려고 하자 많은 시민이 반대 청원을 하였다. 그들은 진정으로 중국의 속국이 되고 싶은가 보다. 그나마 좌파 정치 그룹의 희망과는 달리 이제 국민들의 의식 수준이 많이 오른 것 같아 다행이란 생각이 든다.

이 땅에는 아직 희망이 있다. 사회주의와 공산주의에 심취한 채 오랜 세월의 흐름 속에도 과거 흑백 사진 속에 정지되어 있는 좌파 정치 그룹과 그들의 추종자들에 의해 몰락해가는 나라를 다시 찾을 수 있는 날이 곧 다가올 것이다.

**키워드**
- 노란 저금통의 그들이 원하는 세상은 중국의 식민지인가?
- 국가를 사유화하고 있는 좌파 정치 그룹에 말한다. 이 나라가 너희 것이냐?

# 대한민국이란 배의
# 다음 귀항지는 어디인가?

## 복잡한 국제 관계 속에서 갈팡질팡한 정부

지금 대한민국의 외교 정책은 말 그대로 '갈팡질팡'이다. 국가 간의 이해 관계가 첨예(尖銳)하게 대립되는 복잡한 국제 관계 속에서 정작 정부가 갈피를 잡지 못하고 이리저리 헤매는 모습을 보임으로써 국민에게 그 혼란의 고통을 직접 체험하게 만들고 있다.

2021년 4월 8일 미 연방의회 상원 외교위원회는 세계 각국에 직간접적으로 공산주의를 심고 있는 중국을 견제하기 위한 종합 대책 '전략적 경쟁법 2021'을 공개하였다. 이 법의 주요 내용은, 중국보다 먼저 최첨단, 과학 기술을 선점하고 동맹국들과 연합하여 군사적, 경제적 압박을 더욱 강화함으로써 중장기적으로 중국과의 경쟁에서 주도권을 확보함은 물론 자유주의, 민주주의, 시장경제 시스템을 국가 운영의 기본 틀로 잡고 있는 자유민주주의 우방들의 상생을 도모하겠다는 것이다.

법 자체로는 현 대통령인 조 바이든의 대외 정책을 뒷받침하는 내용이기는 하다. 그러나 미국은 여당과 야당의 교체되는 변화를 거치더라도 국가 기본 정책의 기조는 유지한다는 특징이 있다. 더욱이 중국은 지금 과거 클린턴이나 오바마 좌파 행정부의 시기와는 다르게 미국에게 있어 직접적으로 경제, 군사적 위협 요인으로 부상했다.

그러나 문제는 여기에서 발생한다. 이 법안에서 대한민국의 역할은 과거 혈맹 관계의 한미 관계와는 다른 모습을 보이고 있다는 점이다. 이미 2019년 발표된 '인도~태평양전략'에서도 혈맹국 한국이 아닌 인도, 일본, 호주의 역할이 강조되었던 것처럼 이번에도 일본, 호주의 역할과 관계는 더욱 부각시킨 반면 한국의 역할에 대해서는 큰 비중을 두지 않고 있다.

## 대한민국의 외교 안보 정책은 고립주의에 불과

다시 한번 짚고 넘어가자. 미국은 1950년 6·25전쟁 시 '중국군과 북한군의 침략'에 대항하여 자유민주주의를 지키기 위해 함께 싸웠던 혈맹국이다. 반면 미국에서 있어 일본은 제2차 세계대전과 태평양 전쟁에서 목숨을 걸고 싸웠던 원수의 국가이다. 이를 반영하듯이 지금도 하와이 호놀룰루에 가면 1941년 12월 7일 일본의 진주만 기습 공격으로 침몰한 전함(戰艦) 애리조나함 위에 'USS 애리조나 메모리얼'을 만들어 그날의 울분을 기억하고 전사한 수천 명의 장병의 넋을 위로하고 있다.

그러나 지금은 일본과 보다 높은 수준의 군사, 외교 관계를 유지하고 동북아 핵심 동맹국으로서의 역할 분담에 더욱 확실해지고 있다. 반면 정작 혈맹국이던 대한민국은 번외의 국가 취급을 받게 되었다. 무엇이 이렇게 정반대의 상황을 만들었는가?

앞서 언급한 '전략적 경쟁법 2021'의 핵심 포인트는 크게 네 가지이다. 첫째, 미국, 일본, 호주, 인도 4국의 연합체 쿼드(Quad), 둘째, 기술 동맹을 위한 디지털 교역 합의, 셋째, 인프라 협력을 위한 블루 닷 네크워크 구축, 넷째, 미국, 일본, 호주 3국간 정보 공유 강화이다.

또한 이 법안을 보다 실효적으로 수행하기 위해 미국은 일본의 '장거리 정밀 화력, 대미사일 방어 능력, 감시 정찰 정보 능력 개발, 해양 안보'를 적극 지원한다는 내용이 포함되어 있다. 민간 차원의 신기술 공동 개발을 위해 '미일 국가 안보 혁신 기금'도 조성하기로 하였다. 사실 이 모든 행위는 중국과 이 땅의 좌파 정치 그룹의 희망과는 달리 이전 정부인 트럼프 행정부의 대아시아 정책 및 대중 제재 프로세스를 그대로 따라가는 것이라 해도 과언은 아니다.

이미 세계 각국은 급속도로 변화하는 안보 환경에 대응하고자 국가 간 정보 협력을 강화하고 있다. 블루 닷 네크워크 구축 이전에도 미국, 호주, 영국, 캐나다, 뉴질랜드 등 5개 영미권 국가들을 주축으로 전 세계 모든 통신망에 대한 최첨단 정보 감시 시스템인 '에셜론'을 기반으로 한 정보 협력체 '파이브 아이즈'의 역할을 확대시키고 있었다.

대한민국의 경우 2020년에 와서야 대북 정보 수집에 한정하여 정보를 공유하는 '파이브 아이즈+3(한국, 일본, 프랑스)'에 겨우 포함되었다. 그러나 이역시 북한과 국경을 접하고 있는 지리적 특성으로 얻은 지위이지 뛰어난 정보 수집 능력이 있어 포함되었다고 볼 수도 없다. 현실적으로 일부 휴민트를 제외한 주요 대북 정보는 미국의 정찰 위성, 정보 수집기, 고공 정찰기의 정보를 공유받고 있기 때문이다. 더욱이 영상 분석 기술의 부족으로 현실적으로 미군의 많은 지원을 받고 있다.

## 실익 없는 선전 선동만 일삼는 정부는 누구를 위한 정부인가?

문재인 정부 출범 이후 반일 감정을 확산시키기 위해 악용했지만 이제 국민들에게서 잊혀진 '한일정보공유협정(지소미아)' 파기 논란은 지금 어떤 상태인가? 아직도 좌파 시민 단체들이 파기를 주장하고 있으나 정부조차 관심 없는 사항이 된 지 오래다.

결국 문재인 정부 출범 이래 대표적 프로파간다로 진행되었던 '대국민 반일 감정 육성 프로젝트'는 아무 실익도 없이 오히려 일본이 군사력을 강화하는 명분을 제공하였을 뿐만 아니라 일본과 미국의 관계를 더욱 공고하게 만드는 계기로 작용하였다. 국제 관계 역학상 동북아 지역에서의 대한민국의 역할조차 일본이 대신하게 만든 것이다.

결국 '전략적 경쟁법 2021'에서 볼 수 있듯이 미국이 일본의 최첨단 군사력 증강을 적극 지원한다는 정책은 어찌 보면 혈맹국 대한민국에 제공될 혜택이 되었을지 모른다. 그러나 우매한 좌파 정치 그룹은 중국을 추종하며 그 모든 것을 발로 차 버리고 지난 수천 년 동안 호시탐탐 한반도를 노리고 있는 중국의 입 속으로 스스로 걸어 들어가는 행동을 하고 있는 것이다. 좌파 정치 그룹의 국정 운영 수준이 그것 밖에 안 되는 것을 보여주는 표본이다.

그 와중에 문재인 대통령의 멘토라는 문정인 세종연구소 이사장은 기가 막힌 발언을 하였다. 다름 아닌 "미중 갈등 속에 우리 정부가 미국 편에 서면 한반도 평화를 담보하기 어렵다"라며 다자 협력과 지역 통합의 새로운 질서를 만드는 '초월적 외교'를 하자고 주장한 것이다. 그리고 미일 간 협력 강화도 신냉전을 고착화하는 행위이고 미중 신냉전이 고착화되면 한일 모두 안보 부담이 커지며 경제적 손해가 많을 것이라고 곡학아세(曲學阿世)했다.

그의 주장은 '철부지 어린 아이의 순진한 주장'에 불과하다. 한반도는 단어 그대로 '반도' 국가이다. 반도 국가의 특징은 대륙 세력과 해양 세력의 충돌에 직접적 영향을 받는다. 반면 합리적 국정 운영과 경제 발전 그리고 전략적 동맹국 관리를 통해 국력을 더욱 발전시킬 수 있는 기회의 땅이 될 수 있다. 지난 수천 년에 걸친 인류 역사가 그것을 증명하고 있다.

이번 코로나 팬데믹 역시 인류사의 큰 변환점이 되고 있다. 이는 단순히 질병 통제 차원을 넘어서 국가를 더욱 강건하고 만들고 세계로 나아갈 수 있는 기회가 될 수 있다. 대한민국이라는 배의 다음 귀항지(歸港地)는 어디인가? 또다시 '강대국의 지배를 받는 국가가 될 것인가? 아니면 우리도 누군가를 지배할 수 있는 강대국이 될 것인가?'의 기로에 서 있다. 우리는 어떠한 나라를 우리 후손에게 물려줄 것인가? 그 선택은 온전히 이 시대에 살아가고 있는 우리에게 달려 있다.

**키워드**
- 반도 국가의 진면목은 세력 출동이 아닌 기회의 땅
- 혈맹국 미국을 버리고 수천 년 한반도를 유린했던 중국의 속국이 되려는 한심한 정부
- 대한민국이라는 배의 귀항지는 튼튼한 경제력을 바탕으로 하는 자유민주주의 국가

# 중국과 또 하나의 중국, 우리의 선택은?

2021년 5월 문재인 대통령의 방미 행사 후 귀국에 즈음하여 여당인 민주당의 소병훈 의원은 자신의 SNS에 다음과 같은 말을 남겼다.

"대통령의 귀국길에 수행원 중 한 사람은 중국에 들러 회담과 관련해서 설명을 해줬으면 좋겠네요."

그는 한미 정상 대화에 대해 중국에 자세히 보고하여야 한다는 생각을 한 것이다. 그러나 비난이 거세지자 스스로 삭제하였다고 한다.

이 나라 여당 소속 국회의원의 상국(上國)은 중국이었나 보다. 500년 중국의 속국 조선의 관료가 하던 행태를 그대로 보이고 있다 해도 과언은 아니다. 이는 '중국몽(中國夢)'에 빠져 있는 문재인 정부와 집권당의 사고 체계를 그대로 보여주는 바로미터이다.

### 조선의 해방을 도운 자유중국, 6·25전쟁을 도발한 중화인민공화국

우리에게 중국은 어떤 나라인가? 사실 500년 속국 조선과 명(明), 청(青)의 주종 관계는 일본이 개입하고 나서야 끊어지게 되었다. 이러한 과정에서 서구 열강과 일본의 중국 대륙 진출을 계기로 청나라가 패망하였다. 중화민국(中華民國)과 국민당 정부가 설립되었을 때는 시대적으로 제2차 세계대전과 태평양 전쟁 속에서 일본제국과 대결하는 시기였다. 그러하기에 중화민국을 이끄는 장제스의 국민당과 국민당 군대는 조선을 적극 후원하였다. 임시 정부의 재정을 담당해 준 주요 세력도 국민당 정부였다.

역사적으로도 1949년 12월 7일 '국공내전'에서 마오쩌둥의 중국 공산당에게 패배한 장제스의 국민당 정부 및 잔여 세력이 타이완으로 본거지를 옮긴 '국부천대(國府遷臺)' 사건 이후 우리 대한민국의 우방은 중공이 아닌 중화민국을 이은 자유중국이었다. 자유중국은 1948년 대한민국과 최초로 수교한 국가이기도 하다.

그리고 좌파 정치 그룹이 대한민국의 건국보다 더 의미를 두고 있는 김구와 '상하이 임시정부'를 도와준 것은 다름 아닌 장제스의 국민당 정부이다. 현재 자유중국 입장에서는 체급 차이는 분명히 나지만 중화인민공화국은 영토를 무력 강점하고 있는 반역 세력에 불과하다.

대한민국 헌법에 나와 있는 한반도와 그 부속 도서 중 3·8선 이북 지역을 무력으로 강점하고 있는 세력은 다름 아닌 조선민주주의인민공화국(북한)이다. 이 북한은 중국 본토를 점령하고 있는 중공과 그 궤를 같이 하고 있다. 시대적 조류에 따라 중국 공산당이 무너질 경우 중국을 이끌어가야 하는 정치 그룹은 공산당의 잔당이 아닌 자유중국이다.

중공의 부상으로 세계 각국이 자유중국이 아닌 중공과 수교를 해나갔다. 대한민국 역시 1992년 8월 24일, 베이징에서 이상옥 한국 외무장관과 첸치천[錢其琛] 중국 외교부장이 한중수교 협정서에 서명함으로써 자유중국과의 외교 관계를 끊고 중화인민공화국과의 외교 관계를 열어 지금까지 오고 있다. 사실 자유중국 입장에서 대한민국은 배신자였다.

## 미국은 더 이상 중국의 세계 질서 혼란을 용납하지 않는다

세계 각국이 중국을 최대 시장으로 여기고 타이완과의 관계를 단절하는 한편 싼 인건비를 기반으로 중국을 제품 생산 기지로 적극 활용하였다. 그리고 중공은 이를 낙후된 기술력을 올리는 계기로 삼았다. 그러한 가운데 지식 재산권의 침해는 날로 심해졌으며 세계 각국 기업의 퇴직자를 영입하는 방법으로 '핵심 기술 빼가기'에 전념하여 상당한 기술력을 축적하기에 이른다.

특히 대한민국을 대상으로는 반도체, LCD, TV 등 국가 핵심 기술을 더욱 공격적으로 훔쳐가고 있다. 국정원이나 경찰에서 이를 감시하고 핵심 기술 유출을 저지하고자 하지만 너무나도 은밀히 이루어지는 일들이라 내부 고발자의 도움 없이는 그 실태 파악조차 어려운 실정이다.

미국 역시 중공 정보 기관들의 '마타하리(Mata Hari)'식 간첩 행위를 통한 군사 과학 기술 유출이 심각한 지경이다. 공자학원을 이용한 사상 오염이 확산되자 미국 내 공자학원 폐쇄 등 강경하고 구체적인 방법을 통해 제재하기 시작하였다. 특히 2021년 한미 정상 회담을 전후로 하여 미국 정부는 공식적으로 중공의 아킬레스건인 타이완에 대한 지원 정책을 공표하기 시작하였다.

미국은 과거 '하나의 중국'이라는 중공의 주장을 암묵적으로 인정하고 타이완과의 공식적 협력 관계를 보여주지는 않았다. 그러나 트럼프 행정부 이후 일관성 있는 대중국 봉쇄 정책을 추진하고 있다. 가장 대표적인 사례가 2019년부터 본격 진행된 '인도~태평양 전략(Indo-Pacific Vision)'이다. 중국몽을 찬양하는 문재인 대통령이나 좌파 정치 그룹은 의도적으로 인도~태평양 전략에 동참하는 것을 기피해 온 것이 사실이다. 그들의 정치적, 경제적 지향점은 중국의 '일대일로(一帶一路)'에 있었기 때문이기도 하다.

그러나 2021년 한미 정상 회담 이후 문재인 정부는 돌이킬 수 없는 몇 가지 행보를 하고 돌아왔다. 물론 그것은 그들의 희망과는 다른 것이다. 대표적인 것이 바로 동지나해에서의 '타이완에 대한 지원'과 '한미 미사일 지침 해지'이다.

이에 따라 중국 정부는 〈환구시보〉를 통해 미국이 한국을 '조미항중'(助美抗中, 미국을 도와 중국을 대항)하는 것이라고 주장하며 특히 한미공동성명서에 타이완을 언급한 것은 '독약을 마시는 것'과 같다며 맹비난하고 나섰다. 이에 앞서 열린 미일 정상 회담에서 '타이완해협의 평화와 안정'을 명기함으로써 일본도 공식적으로 타이완을 지원하기로 약속한 바 있다.

## 美 주도 '인도~태평양 전략'과 쿼드(Quad) 동참이 가장 합리적인 선택

결국 급박하게 재편되어가는 국제 정세 속에서 대중국 정책도 제고해야 할 시기에 봉착했다. 미국은 곧 한국의 대중 견제 강화를 위한 인도~태평양 4개국 협의체인 쿼드(Quad, 미국, 일본, 호주, 인도) 가입을 요청할 것이다. 이는 인도~태평양 전략의 핵심 축으로 작용하게 될 것이다. 그리고 타이완에는, '포스트 차이나의 정통성이 있다'라는 점에서 지속적인 지원이 있을 것으로 보인다. 또한 중국과 대등한 인구를 가진 인도, 우수한 IT 인재를 보유한 인도, 잠재적 시장 가치로서의 인도를 볼 때 기업들로 제품 판매 대체 시장 그리고 대체 생산 기지로서 전향적 접근 방법을 모색해야 할 시기이기도 하다.

당초 미 정부는 인도~태평양 전략을 발표하면서 일본을 인도~태평양 지역의 평화와 번영의 '초석(Cornerstone of peace and prosperity in the In-do-Pacific)', 호주는 미래 인도~태평양 지역의 안전보장을 위한 '협력 대상(Collaborating to ensure the Indo~Pacific)'으로 정의하였고 대한민국의 경우 '친중 종북 좌파 정치 그룹'에 의해 한미 혈맹이 왜곡되어가고 있음에도 불구하고 한반도와 동북아에 있어 평화와 번영의 '핵심축(Linchpin of peace and prosperity in Northeast Asia, as well as Korea Peninsula)'이라고 강조한 바 있다.

앞서 언급한 〈환구시보〉는 한국이 안보를 미국에 의지하고 있지만 중국은 한국의 최대 무역 파트너이자 한반도 문제 해결의 '주요 행위자'라고 강조하며 한국 정부의 이탈을 경고하고 있다. 여기에서 살짝 120년 전으로 돌아가 보자.

당시 청(靑) 조정은 조선은 중국의 속국으로 '외교적 권한'은 자신들에게 있다고 대외적으로 공표한 바 있으며 임오군란 직후인 1882년 11월에는 '조청상민수륙무역장정(朝淸商民水陸貿易章程)'을 강압적으로 체결하였다. 이로써 조선의 국왕을 자국 관리인 북양대신과 동급 서열로 정하고 조선을 경제 식민지로 삼았다. 이후 1894~1895년에 발생한 청일전쟁에서 패배한 이후 조선에서의 자신들의 권리를 일본제국에 이양하였다. 조선은 그렇게 전쟁도 치르지 않고 외교 문서 몇 장으로 일본의 식민지가 된 것이다. 그리고 중공은 6·25전쟁 도발과 지원을 한 적국(敵國)이다.

문재인 대통령과 좌파 정치 그룹이 조선의 독립과 대한민국의 건립을 전폭적으로 지원해주고 한반도의 공산화를 막아주었던 혈맹국 미국을 배척하고 중국에게 다시 지배받으려는 모습 속에서 조선 왕조 500년간 나라를 최빈국으로 만들었던 중국 한족과 성리학 사대주의자들인 사대부의 모습이 오버랩되는 것은 나만의 착각일까?

사실 지금의 중국 영토를 만들어 놓은 것은 한족(漢族)이 아닌 만주족(滿洲族)이다. 그러나 이제 만주족은 중국 공산당의 '동화 정책'으로 언어, 문화, 역사 모든 분야에서 민족적 정체성을 완전히 상실하였고 한족의 일원으로 살아갈 뿐이다. 중국인을 위한 국적법 개정이 강행되는 지금 좌파 정치 그룹이 원하는 세상은 중국 공산당에 동화된 그런 세상일까?

**키워드**
- 두 중국 중 우방은 중공(中共)이 아닌 자유중국 타이완
- 포스트 차이나 시대 대비, 타이완과의 관계를 강화해야
- 급변하는 국제 정세 속에서 한국의 살 길은 오직 한미동맹 강화

# 빛 천조국(千兆國) 달성,
# 대한민국의 부끄러운 민낯

오랜 기간 지속되었던 미국 주도의 자유민주국가 진영과 소련을 주축으로 하는 공산 국가들 간의 대결인 '냉전(Cold war)'은 1991년 12월 소련의 해체와 더불어 끝이 났다. 당시 강한 미국이라는 시대적 조류를 타고 유행했던 단어가 하나 있었다. 바로 '레이건보(Reaganbo)'라는 신조어였다. 소련 해체를 이끈 미 대통령 '레이건(Reagan, 1981~1989)'과 실베스터 스탤론 주연의 영화 '람보(Rambo)'를 합성한 말로 '강한 미국'의 대명사로 사용되었다.

당대 최강 미국의 아이콘이던 영화 '람보' 역시 전 세계적으로 큰 인기몰이를 하였다. 1985년 레바논 시아파에 의해 이탈리아 로마행 보잉 727 여객기가 납치되었을 때도 레이건 대통령은 "람보를 보내야 한다"라고 할 정도였으니 당시 그 상징성은 과히 최고였다고 할 수 있다.

그 인기에 힘입어 제작된 '람보3(1988)'는 람보가 소련-아프가니스탄 전쟁(1979~1989) 기간 중 무자헤딘(Mujaheddin)의 도움을 받아 공동의 적인 소련군을 궤멸시킨다는 내용이다. 무자헤딘은 냉전 시대 지하드(성전)에 참여하던 이슬람 게릴라를 말하며 비록 영화이지만 공산주의에 대항하여 미국과 아프간이 협력할 만큼 유연한 관계를 유지하던 시기다.

## 아프가니스탄, 지옥문이 다시 열리다

그로부터 33년이 흐른 후, 그리고 미국의 9·11테러의 주범 오사마 빈 라덴의 제거 및 폭정으로 억압받는 아프간의 민주 정부 수립을 지원하고자 군대를 파견한 지 20년이 되어가는 2021년 8월 16일 아프간이 또다시 무너졌다. 미군이 철수하자마자 이슬람 극단주의 탈레반(Taliban)이 수도 카불을 함락했다. 당초 탈레반은 무자헤딘과 비슷한 출발을 한, 아프간 남부에 거주하던 파슈툰족 주축의 무장 조직이다. 그들은 1997년 무력으로 정권을 장악한 이후 미국에 의해 축출되기 전인 2001년까지 전체주의적 폭정으로 국민을 억압하였다.

2021년 8월 16일 수도 카불에 입성한 탈레반군은 지나가던 여성들을 향해 "오늘이 밖으로 나올 수 있는 마지막 날"이라 말하며 비웃었다고 한다. 과거 탈레반 정부는 여성에 대해 8세 이상은 교육 금지, 12세 이상은 탈레반 군인과 강제 결혼, 취업 금지, 의료기관 이용 제한, 남성 없이는 외출을 금지하며 몸 전체를 가리는 부르카를 입도록 하였다. 이제 헬 게이트(Hell gate)가 다시 열린 것이다. '천조국(千兆國)'이라 불리며 세계 최강의 국가 미국이 지켜주던 아프간은 왜 탈레반의 수중으로 떨어졌는가? 도대체 무슨 일이 있었던 것인가?

## 빚 천조국, 한국의 부끄러운 민낯

앞서 언급한 '천조국(千兆國)'이란 말은 미국 정부가 1년 국방비로 1,000조(千兆)를 쓴다고 해서 붙여진 인터넷 용어이다. 미국은 막대한 국방비를 바탕으로 전 세계 어디에서나 동시에 두 개의 전쟁을 수행하고 이길 수 있을 정도의 압도적인 군사력을 유지하고 있다.

그러한 미국이 아프간에 주둔하게 된 계기는 2001년 9월 11일 오사마 빈 라덴이 이끄는 알카에다의 행동대원들이 9·11테러를 일으킨 때문이다. 그들은 항공기를 하이재킹(High-jacking)하여 무역센터, 국방부에 충돌시켜 수 많은 사상자를 발생시켰다. 이날은 처음으로 미국 본토가 공격당한 수치스러운 날이었으며 이를 계기로 미국은 테러와의 전쟁을 본격화하였다. 이후 미국은 최전방인 아프간의 민주 정부 재수립을 위한 군사 지원을 아끼지 않았다.

그러나 소규모 부족 단위의 집합체인 아랍 국가들의 특성상 사우디아라비아와 같은 강력한 왕정 국가가 아닐 경우 정부의 통제력이 정상적으로 작용하지 않는다. 그래서 아프간에서의 서구식 자유민주주의 정착이 녹록지 않았다. 아프간 정부군에 속해 있던 부족장이 일순간에 예하 병력을 이끌고 탈레반으로 이동하는 등 그 혼선은 이만저만한 것이 아니었다.

더욱이 아프간 공직자들과 군의 부패는 마치 베트남을 그대로 데자뷔(Dejavu)하는 것 같았다. 미국 '아프간재건특별감사관실(SIGAR)의 보고서'에 따르면 2021년 4월 기준 임금을 받는 아프간군(ANDSF)은 미 육군 총병력에 육박하는 300,699명이었다. 그러나 실제 동원 가능 병력은 6분의 1에 지나지 않았다. 서류상의 군대라는 것이다. 이는 마치 임진왜란 당시의 조선과도 동일한 상황이었다. 서애 류성룡이 병적부를 조사했으나 병력 대부분이 서류상에 존재하는 숫자에 불과했다. 망하는 나라에는 공통점이 있다. 정치인들과 관료들은 부패하고 장교들은 적과 내통하며 국민은 병역을 기피한다.

아프간의 현실을 직시한 조 바이든 미 대통령 역시 "미군은 자국민이 스스로 지키려 하지 않는 전쟁에서 싸울 수도 죽을 수도 없다"라고 강조하면서 "중국과 러시아의 희망처럼 미국이 더 이상 아프간에서 자원과 전력을 낭비하는 일을 없을 것"이라고 하였다. 이는 전략적 자산을 '쿼드(미, 일, 호주, 인도)'와 '인도~태평양 전략'에 집중함은 물론 '중국의 탈레반 지원 가능성'도 열어둔 매우 중요한 대목이다. 미국의 막대한 지원에도 불구하고 스스로 지키지 않는 아프간에 더 이상 '람보'는 없었으며 철저한 현실주의만 남았다. 미군의 철수가 완료되면서 현지에서는 자유를 찾아 탈출하는 '엑소더스(Exodus)'가 일어나고 있다.

그 긴박한 순간 속에서 문재인 대통령은 "아프간 잔류 교민 철수에 최선을 다하라"라고 관계 당국에 지시했다고 한다. 그러나 틈만 나면 격노하는 그의 말은 그저 공허할 뿐이었다. 지옥 같은 아프간에서 교민들을 보호하고 안전하게 후송한 헬기와 수송기는 다름 아닌 그들이 핏대를 올리며 저주하던 '제국주의 미국과 침략군 미군의 자산'이었다는 것이다.

납품 일정조차 명시하지 않은 허술한 계약서를 들고 백신 생산 기업이나 찾아다니는 쇼를 하는 문재인 정부와는 달리 미국 정부는 2021년 초 한미 연합군의 안전을 위해 무려 60만 명분의 백신을 제공하였다. 완벽한 한미 연합 전력의 유지 때문이다. 그러나 그 혜택을 받고도 언제 그랬느냐는 것처럼 북한 김씨 왕조 김여정의 지시를 받고 한미 연합 훈련조차 중단하려고 하였다.

카불이 함락당하기 불과 나흘 전인 2021년 8월 12일 홍남기 기획재정부 장관은 비상경제중앙대책본부회의에서 내년 나랏빚이 '1,000조 원'(2017년 660조 원→2022년 1,070조 원)을 넘게 될 것이며 국내총생산(GDP) 대비 국가채무비율 역시 50%를 돌파할 것이라고 발표하였다. 마치 다른 나라의 이야기를 하듯이 말이다. 자신들이 그 책임자 아니었던가?

어쨌든 대한민국도 건국 이래 처음 '천조국'에 입성하였다. 미국이 천조의 국방비로 세계에서 가장 강력한 군사력을 구축할 때 이 나라의 좌파 정치 그룹은 불과 4년 만에 빚으로 천조국을 만드는 위업을 달성했다. 이 와중에 더 많은 국채 발행을 주장했던 유력 대선 후보 이재명은 이미 사기로 판명된 무한 에너지 '영구 기관(永久機關)'과 동일한 '영구 자본(永久資本)'을 주장하고 나섰다. 그의 주장대로라면 오늘부터 아무 일을 안 해도 '자본이 영구적으로 순환'된다.

## 은혜를 모르는 민족, 반미를 주장하며 공산주의를 찬양하다

현실적으로 대한민국은 국가 안보 유지는 물론 특히 외국에서는 미군의 도움 없이는 할 수 있는 것은 하나도 없다. 공역 통제도, 인원 보호도 탈출용 헬기 하나도 동원할 수 없는 그런 나라에 불과하다. 그러나 이 땅의 좌파들은 언제나 반미, 반일, 주한 미군 철수만을 외친다. 그런데 이제 미국도 지치지 않았을까? 그래도 은혜를 모르는 이 어처구니없는 나라를 묵묵히 도와주는 것을 보면 미국이라는 나라는 참을성도 많고 신의를 지킬 줄 아는 대단한 나라이다.

2021년 8월 13일 양경수 민주노총 위원장이 구속되었다. 민주노총의 행동 강령 중 핵심은 반미 선동과 미군 철수를 주장하는 것이다. 노총과 미군 철수가 무슨 상관이라는 말인가? 게다가 문재인 정부는 보란 듯이 공산주의자 김원봉에 이어 공산주의로 전향한 홍범도의 우상화 작업에 착수하였다. 6·25전쟁의 주범 공산주의자들까지 민족의 영웅이란 말인가?

사실 이와 같은 행위는 '백마 탄 장군 김경천(가명 김일성)'의 무장 독립 투쟁 업적을 도용한 독립운동 호소자 '김일성의 우상화'를 위한 정지 작업에 불과하다. 종북 좌파 정치 세력을 타도하지 못한다며 현충원에 김일성 위패가 설치되고 거리마다 태극기가 아닌 인공기가 게양되는 날이 올지 모른다. 정녕 그런 날을 원하는가? 국민 모두 자유 대한민국을 공산주의로부터 지킨다는 '결기(結己)'를 가지고 혼연일체가 되어 최선을 다해야 한다.

**키워드**
- 망하는 나라에는 관료 부패, 적과 내통하는 정치인과 군대가 있다는 공통점이 있다.
- 아프간 교민을 구조한 것은 세 치 혀가 아니라 '동맹국 미군'의 활약
- 국민 모두 국가를 지킨다는 '결기(結己)'를 가져야

# 짓밟히고 무너진 대한민국 보수주의

　보수주의(Conservatism)란 '국가 운영 시스템의 안정성을 유지하며 점진적 개혁과 변화를 지향하는 정치 이념'이다. 이 과정에서 누구에게나 기회의 평등을 부여하고 개인별 노력에 의해 발생하는 차등적 분배를 인정한다.

　그러나 대한민국에서 보수주의는 철저하게 유린당하고 있다. 모두가 알다시피 지금 대한민국 정부와 여야 정치 그룹 모두 이를 철저하게 역행하고 있다. 또한 그들은 자유민주주의 체제의 분열을 선동하고 개혁이 아닌 전체주의와 사회주의를 지향하며 '기회의 평등이 아닌 강제 배분'을 주장하고 개인의 노력이 아닌 출신 성분을 중요시한다. 물론 그 출신 성분은 그들이 '자칭' 민주화 운동이라 포장하고 있는 NL(민족 해방), PD(민중 민주)에 기반을 두고 있으며 주체사상을 신봉하는 주사파 내에서의 서열을 의미한다.

　더 큰 문제는 따로 있다. 보수주의를 표방한다는 제1야당 국민의힘의 모습이 점입가경이다. 대선 캠프의 주요 인사들을 면면히 살펴보면 이 당이 과연 보수주의 기치를 앞세운 정당이 맞는가에 대한 의구심조차 든다. '악성 포퓰리즘'과 '강성 페미니즘'으로 무장한 시민단체 출신, 민주당에서조차 끼워주지 않아 낙오된 자들이 뒤섞여 있기 때문이다.

　포퓰리즘과 페미니즘은 지금 세계 각국에서 인류가 오랜 기간 구축해 온 경제, 사회, 역사, 문화를 좀 먹고 있는 '좌파 정치 그룹의 상징'이다. 지금 대한민국의 보수주의는 국가와 국민을 내버리고 자신의 이익만 챙기는 정치꾼들에 의해 철저하게 짓밟히고 갈기갈기 찢기며 만신창이가 되어버렸다.

## 대의민주주의의 한계

당초 아테네에서 직접민주주의가 최초로 성립되었으나 이는 투표권을 가진 성인 남성의 인구가 30,000명에 불과했던 도시국가에서나 가능한 방법이었다. 그리고 인구가 늘어나면서 이 또한 한계에 부딪히게 되었다. 사실 아테네의 직접민주주의는 역사적 사례의 하나였을 뿐 대다수 국가가 근대에 들어설 때까지 왕정 국가를 유지해 왔다. 지금 대부분 국가는 국민이 정치에 참여하되 대리자를 통한 '간접민주주의' 형태인 '대의민주주의(代議民主主義)'를 채택하고 있으며 아직까지는 이것이 최선의 방법으로 여겨지고 있다.

그러나 첨단 IT 기술이 발전하면서 과거와 달리 실시간 정치 참여가 가능하게 되었으며, 일반인도 청와대 및 국회에 직접 문제를 제기하는 시스템도 이미 구축돼 있다. 게다가 당 대표 선거나 대선 후보 선출도 당원뿐만 아니라 국민의 여론 조사 결과를 과반수 적용하고 있다. 정부조차 민감한 정책 사항 발표 이전 이 사실을 흘려 민심을 파악하거나 선동된 여론 조사를 통해 그 책임을 회피하려 하지 않은가.

이 두 가지 사실만 놓고 봐도 더 이상 대의민주주의가 필요하지 않은 상황에 직면했다고 볼 수 있다. 무엇보다도 한국 정치에서 가장 큰 문제는 '국민이 국회와 국회의원들을 신뢰하지 않는다'라는 점이다. 2020년 10월 한국리서치의 여론 조사에 따르면 한국의 정치에 대한 국민의 만족도는 10점 만점에 3.84점에 불과했다. 또한 대의민주주의에 부합되지도 않는 비례대표 국회의원 제도는 불필요한 제도다. 대선을 바로 코앞에 두고 조수진 비례대표와 이준석 당 대표와의 갈등으로 인한 혼란은 일파만파 커졌다. 이대로 가다가는 정당 정치의 기본 틀조차 유지하기 쉽지 않은 듯하다. 아마도 지금 대한민국에서 가장 문제가 많은 집단은 다름 아닌 '대의(代議)의 대의(大義)'를 잃어버린 정당과 국회의원들일 것이다.

## 악성 '정치적 올바름(PC)'에 감염된 대한민국

미국의 경우 건국 이래 오랜 기간 공화당(共和黨, Republican Party)과 민주당(民主黨, Democratic Party)의 양당 체제 틀을 유지하고 있다. 양당 모두 미합중국의 국익(國益)을 최우선시한다. 물론 과거와 달리 이민자가 급증하면서 근래에 와서는 'PC(Political Correctness)주의'가 만연되고 있다. 민주당이 국가의 정체성을 지키기보다는 'PC주의'에 영합하는 모습을 보이고 있어 전통적 기독교 국가인 미국의 정체성을 흔들고 있는 가운데 바이든 행정부는 2차 재선이 힘들 것이라는 평가와 여론이 상당한 실정이다.

PC는 인종·민족·언어·종교·성차별 등에 따른 편견이 없어야 한다는 정치 구호이다. 이상적인 이 단어는 얼핏 보면 인류의 문제점을 해결할 수 있는 대안으로 보일 수도 있다. 하지만 그 내면에는 개인의 자유와 권리를 구속하는 '전체주의'의 모습을 가지고 있다. 그리고 이것을 주창하는 세력은 물론 좌파 정치 그룹이다.

그들은 왜 정치적 올바름을 주장하는가? 그들의 진짜 목적은, 기존 질서를 붕괴시킴으로써 사회 혼란을 야기하고 계층별 갈등을 조장하여 그들의 정치적 목적을 달성하고 부정한 부(富)의 축적을 획책하는 것이다. 이들은 각종 사회 문제를 차별이라 여론을 호도하고 선동된 여론에 기반을 두고 차별금지법 같은 비상식적 법을 만들어 국론을 분열시키고 국민을 노예로 만들어 간다.

　정작 이러한 PC주의가 위험한 것은 미국이 아니라 대한민국이다. 미국은 건국 이념을 담은 '수정헌법 2조에 따라 국민은 정부를 직접 감시하며 필요시 개인 화기로 무장한 무력 행사가 가능하다. 그러기에 좌파 정치 세력에 잠식당한 민주당이 정권을 차지할 때마다 불법 총기 범죄를 이유로 수정헌법 2조에서 보장하고 있는 합법적 총기 소유를 제한하려고 하는 것이다.

　반면 우리나라의 경우 당초 총기나 15cm 이상의 도검류 소지도 불법으로 간주되기 때문에 영토 내에서 무력을 행사할 수 있는 집단은 오직 군과 경찰뿐이다. 필요시 국민에 대한 무력 통제가 어느 국가보다 쉬운 곳이 바로 대한민국이라는 것이다. 그러기에 자유민주주의가 아닌 전체주의나 사회주의 정부가 출현하면 국민의 자유는 철저하게 유린당할 수밖에 없다.

　문재인 정부가 벌인 방역 패스 역시 같은 선상에 있다. 코로나19가 창궐한 이래 2년간 정부의 감염병 대처 실책을 오히려 '방역 패스'라는 말로 포장하고 국민에게 그 책임을 전가하고 있다. 그리고 그것으로 국민을 통제하고 국민을 갈라치기하고 있으며 자유민주주의와 시장경제 시스템의 핵심 계층인 중산층을 구성하고 있는 자영업자들의 생존권을 집중 위협했다.

　그럼에도 불구하고 이 땅의 자유민주주의를 지켜내야 할 보수 정당에서 포퓰리즘과 페미니즘 등 좌파의 정치 수단을 옹호한다면 이 어찌 큰일이 아니겠는가? 게다가 정당의 위계 질서조차 무너져 내렸다. 개인의 자질 평가를 떠나 투표를 통해 신발된 제1야당의 당 대표에게 면상에서 도발한 비례대표 의원도 있다. 또한 검증되지 않은 포퓰리즘 공약을 발표하고 이조차 내부 갈등에 혼선을 빚고 있으며 페미니즘 운동가를 공동선대위원장으로 삼고 '강성 페미니스트'를 새시대준비위원회의 수석부위원장으로 임명하였다. 그리고 그것을 '정치적 올바름'을 위한 방법이라고 주장한다면 정작 보수 정당을 지지하던 수많은 국민으로부터 외면을 당할 수밖에 없다는 것이다.

지난 5년간 좌파 정치 그룹에 의해 망가지고 부서진 경제, 산업, 외교, 안보, 교육, 사회 규범, 도덕, 윤리 등은 누가 바로 세워야 하나? 그 일은 결코 포퓰리스트나 페미니스트들이 해 낼 일들이 아니다. 부디 보수 정당으로서의 정체성을 찾기를 간곡히 바란다.

**키워드**
- '대의(代議)민주주의의 대의(大義)'를 잃어버린 정당과 국회의원들
- '정치적 올바름(PC)'을 주장하는 자들이 자유민주주의의 적(敵)
- 포퓰리즘과 페미니즘에 빠져 국가 재건의 기회를 놓치지 말아야

# 맺는 말

우리 대한민국은 건국 이래 최악의 상황을 직면하고 있다. 마치 흑백 사진 속에 박제된 것 같은 철 지난 1980년대 운동권 출신들의 어설픈 역사관과 세계관과 정신 세계에 5,000만 명 대한민국 국민이 조롱당하고 있다.

무엇이 이 나라를 이토록 처참하게 몰락시키고 있는가? 누구의 잘못인가? 애당초 민족해방(NL), 민중민주(PL), 주체사상파들은 이 나라의 주류가 아니었다. 결코 주류가 될 수 없는 잘못된 사상을 가진 정치 낭인이자 변방인들에 불과하였다. 그런데 그들이 어떻게 주류로 등장하여 정권을 잡고 전대미문(前代未聞)의 방종적 국정 운영을 했는가?

일반적으로는 대통령 탄핵으로 박근혜 정부를 몰락시킨 세월호 사건과 최순실 국정 농단을 그 원인으로 보고 있다. 당시 정부의 핵심 부서에 있던 필자 역시 여론이라는 미명 아래 광풍에 휩쓸리듯 깊은 평가도 없이 그렇게 생각하였다.

그러나 5년이라는 시간이 흐른 후 차분하게 지난날들을 돌이켜 보니 이러한 사태의 근본 원인은 세월호 사건도, 최순실 국정 농단 사건도 아니었다. 그것들은 오직 마적 떼와 같은 좌파 정치 그룹의 발호(跋扈)에 필요한 프로파간다의 마중물에 불과하였다.

이미 오랜 기간 대한민국의 어린이들과 청년들은 전교조라는, 교육계를 장악한 좌파 세력에 의해 철저하게 왜곡되고 편향된 교육을 받았다. 이들 속 칭 '전교조 세대'는 이제 편향된 좌파적 가치관을 가진 40대가 되었다.

6·25 도발을 통해 대한민국을 적화통일하려다가 미국과 유엔군의 개입으로 실패한 김일성은 전쟁과 같은 무력 도발이 아닌 다른 방법으로 대한민국을 무너뜨리려고 계획하고 이 계획을 집행하였다. 1960년대에 대한민국의 적화 기반을 마련하기 위한 '장기 실행 교시'를 내렸다고 전해진다. 그 교시의 핵심 내용은 남한의 입법, 사법, 행정부 그리고 군대를 장악하는 것이었다. 대표적인 것으로 몇 가지 예를 들면 '머리가 좋고 확실한 자식들은 데모에 내보내지 말고 고시 준비를 시키도록 하라(1973년 4월)', '변호사들을 적극 활용하라(1968년 12월)', '사관학교 출신과 비사관학교 출신들의 갈등을 조장하고 집단적으로 군 입대를 하여 군을 좌경화시켜라(1968년 1월)' 등이다.

지금 대한민국의 사회를 보면 김일성의 교시를 대변하듯이 일반 사회에서는 민변, 사법부에서는 우리법연구회라는 좌파 법조인들이 더욱 조직화되고 그들의 이너서클의 이익을 강화하고 있다. 그러나 정작 자유 대한민국의 주류라고 했던 보수 우파 세력은 그들을 그대로 방치하고 있었다. 이는 마치 앞에서 예를 들었던 '송양지인(宋襄之仁)'이 고사와도 같았다. 그렇게 여유를 부리는 동안 권력도 빼앗기고 국가의 정체성도 무너지고 국민의 삶은 도탄의 나락으로 추락하고 있었다.

현재 발생하는 정치권과 연관된 각종 부정 비리는 모두 좌파 정치 그룹과 그들의 추종자들의 이권을 보장하는 행위에 기인하고 있다. 토지주택공사의 말단 직원까지 사전 개발 정보를 이용한 부동산 투기를 하는 등 공직 사회 모럴 해저드(Moral hazard, 도덕적 해이)의 심각성이 이미 도를 넘어 섰다는 것이다.

이러한 근본적 문제를 해결하기 위해서는 단순히 정치 분야 개혁에 한정해서는 안 된다. 그런다고 바뀔 상황도 아니라는 것이다. 가장 근본적인 해결 방안은 바로 올바른 역사 인식을 기반으로 하는 안보관, 세계관, 사회관, 경제관을 교육하는 것이다. 바르게 교육된 국민들의 적극적인 동참이 반드시 뒷받침되어야 한다.

물론 시간이 오래 걸릴 수도 있다. 그러나 시작이 반이라는 말처럼 개울을 건너기 위한 돌을 하나씩 하나씩 놓도록 하자. 현재 좌파 세력이 완전히 장악한 문화계와 출판계 그리고 언론계를 정상화시키는 것에서부터 시작할 수 있다. 그들에 의해 왜곡되고 악의적으로 변질되는 사실과 진실을 밝히는 것이 무엇보다도 중요하다. 그리고 그것은 우리 후손들에게 건강하고 부강한 자유 대한민국을 물려주어야 할 바로 우리의 몫인 것이다.

이제 밖으로 나와 진실을 밝히고 대한민국을 바로 세우는 데 앞장 서자. 그것이 지금 좌파들에 의해 무너져가는 우리 대한민국을 사랑하는 모든 국민의 사명이자 역사적 소명이다. 대한민국을 테라포밍하라.

We can make our plans, but the Lord determines our steps.
Proverbs 16 : 9